Walter Meys

AF239329

Mein weiteres Leben zwischen zwei Kontinenten

Autobiografische Erzählung

Teil II

Walter Meys

Mein weiteres Leben zwischen zwei Kontinenten

Autobiografische Erzählung

Teil II

Impressum

Bibliografische Information der Deutschen Nationalbibliothek:
Die Deutsche Nationalbibliothek verzeichnet diese Publikation in der Deutschen Nationalbibliografie; detaillierte bibliografische Daten sind im Internet über http://dnb.dnb.de abrufbar.
© 2023 Walter Meys
Lektorat: Rosemarie Heisters
Herstellung und Verlag: BoD - Books on Demand, Norderstedt
ISBN: 9783757825089

Für meine Kinder
und Enkelkinder

Schließe ab mit dem was war, sei glücklich, mit dem was ist und offen für das was kommt.

Das Leben ist schön, von einfach war nie die Rede.

(unbekannt)

Inhaltsverzeichnis

Epilog

Prolog

1984 floh ich plötzlich, aber nicht unerwartet, ohne meine Familie von Südafrika nach Deutschland, um nicht gefangen genommen zu werden. Ich erhielt damals den Hinweis, dass man meinen Ermittlungen für einen Nachrichtendienst auf die Schliche gekommen war. Meine Ehefrau und zwei Kinder musste ich in der gebotenen Eile zurücklassen.

Die Lust zu überleben hatte ich nicht verloren und mein Start ins neue Leben in Deutschland gelang mir gut und zügig. Nachdem ich mich eingewöhnt und einen eigenen Haushalt eingerichtet hatte, siedelte meine Familie nach einem Jahr der Trennung nach Deutschland um. Unser Leben nahm allerdings einen unerwarteten Verlauf. Abwechslungsreiche und auch problematische Zeiten folgten. Ich lebte auf zwei Kontinenten, nämlich in Deutschland und Südafrika. Langeweile kam nie auf, meine Tage waren sinnvoll ausgefüllt. Und noch ist mein Leben nicht zu Ende…

Der Start ins „neue" Leben

Nur nicht unterkriegen lassen, war mein Motto. In Deutschland konnte ich zunächst bei meiner Mutter und ihrem Lebenspartner Clemens in Aachen Asyl finden und bereits zwei Wochen später erhielt ich eine Anstellung im Bergbau in Hückelhoven durch meinen Schwager.

Er war früher schon über vier Jahre vor mir im Bergbau tätig und hatte auf der Universität in Aachen die Ausbildung zum Steiger (Ingenieur) absolviert, die er als Jahrgangsbester abschloss. Dann heiratete er meine Schwester. Meine bisherige Lebensgeschichte kannte er und bot mir umgehend einen Arbeitsvertrag an.

Im Großraum Aachen gab es nur noch zwei Steinkohlezechen, nämlich in Hückelhoven und Siersdorf, in denen im Untertagebau Steinkohle abgebaut wurde. „Sophia-Jacoba" in Hückelhoven Ratheim, die damalige modernste Steinkohlezeche Europas, war wegen ihrer Kohlequalität und der Förderleistung sehr bekannt. Um diese Förderleistung zu erhalten, engagierte die Zeche zusätzlich eine Spezialfirma, die mit modernsten Bergbaugeräten die Abbauleistungen steigern konnte. Und mein Schwager war in dieser Firma als Betriebsführer tätig und ich würde da arbeiten. Wenn meine Arbeitsleistung nach einigen Monaten Erfolg zeigen würde, könnte ich den Fahrhauer Lehrgang besuchen und nach erfolgreichem Abschluss als Steiger eingesetzt werden. Nach einer Gesundheitsuntersuchung, die mich als bergbautauglich bestätigte, konnte ich bereits zwei Tage später meine erste Schicht auf der Bergbauanlage Sophia-Jacoba antreten. Erstaunt betrachtete ich den Untertagebereich. Dort war vieles mittlerweile übersichtlicher, gut ausgeleuchtet und klar geordnet. Der Transport der Kohle erfolgte mit Großraumwagen, der Lärmpegel war gedämpft und auch die fast staubfreie Luft somit erträglicher als früher. Für den Personentransport zu den Arbeitsplätzen und zurück stellte man geschlossene Personenwagen mit Sitzabteilungen zur Verfügung und die entfernter liegenden konnte man auf Transportbändern oder mit Seilbahnen erreichen.

Die Kohlegewinnung war in dieser Zeit auf Sophia Jacoba voll mechanisiert. Maschinen lösten die Kohle aus den Flözen und luden sie auf einen Förderer. Bei der Abbaumethode Strebbau wurde die Kohlefront schälend mit einem Kohlehobel mit einer Schrämwalze abgebaut. So konnten täglich mehrere tausend Tonnen Kohle aus einem Streb gefördert werden. Die Zeche besaß mehrere Streben, in denen nach dieser Methode die Kohle abgebaut wurde. Dieser mechanische Abbau wurde von gut ausgebildeten Bergleuten eingeleitet und überwacht. Die neu entwickelten Bergbaugeräte der Spezialfirma aus dem Ruhrgebiet ermöglichten diesen Abbau reibungslos.

Ich durchlief zuerst unterschiedliche Arbeitsplätze, um mit allen Abläufen vertraut zu werden. Sophia Jacoba stellte damals den einzigen größeren Arbeitgeber in Hückelhoven und andere Arbeitsmöglichkeiten waren kaum gegeben oder wurden nicht zugelassen. Ich hatte jedoch das Glück, mein Arbeitsleben ohne große Hindernisse wieder neu aufzubauen.

Nun konnte ich an meine Familie denken!

Ein unerwarteter Verlauf

Hückelhoven war zu der Zeit eine triste Ortschaft mit wenig Freizeitwert. Ich hatte nun im Ledigenheim Hückelhoven-Ratheim eine Unterkunft bezogen. Gleichzeitig bemühte ich mich jedoch um eine Wohnung in der Nähe mit ausreichend Platz für meine Familie. Gefunden hatte ich eine Wohnung in einer ruhigen Wohngegend in Hückelhoven, die meiner Vorstellung entsprach. In diesem Haus wohnten vier Familien mit Kindern, die ungefähr im Alter meiner beiden Kinder Marcelle und Storm waren. Weiterhin lag diese Wohnung ebenerdig und zu ihr gehörte ein Garten und eine Garage. Das Stadtzentrum mit Kindergarten, Schule und Einkaufsmöglichkeiten war nur einen Kilometer entfernt.

Eine Woche vor Ankunft meiner Lieben aus Afrika konnte ich in die neue Wohnung einziehen. Meine Schwester und deren Tochter Britta hatten mich beim Kauf der Möbel und der Einrichtung unterstützt.

Das Wiedersehen mit meiner Familie war ein freudiges, emotionales Ereignis, dass ich kaum beschreiben kann. Meine Frau Juanita und die Kinder erlebten eine neue Welt, die sie in eine gewisse Anspannung versetzte. Marcelle und Storm gelang es jedoch schnell, sich an das neue, andere Leben anzupassen. Marcelle wurde im Gymnasium eingeschult und

Storm besuchte mit seinen vier Jahren täglich in den Vormittagsstunden den Kindergarten. Ich hatte meine gewohnte Arbeit, verließ um 5.00 Uhr in den Morgenstunden die Wohnung und kehrte erst am Spätnachmittag zurück. Juanita kam mit der Umstellung allerdings weniger gut zurecht. Ihr gefiel es in Hückelhoven nicht und sie hatte Heimweh nach Südafrika. Um sie abzulenken, fuhr ich mit ihnen an den Wochenenden mit unserem neu angeschafften Auto nach Aachen zu meiner Mutter oder in die Eifel.

Ich baute mein Arbeitsleben weiter auf, bestand die Prüfung zum Fahrhauer und wurde als Steiger eingesetzt. Allerdings wurde meine Arbeitszeit durch die erforderlichen Einsätze auch an den Wochenenden noch zeitraubender und ich musste das Familienleben etwas einschränken. Zum Glück besserte sich der Zustand meiner Frau und sie brachte meinen Verpflichtungen gegenüber meiner Arbeit mehr Verständnis auf. So dachte ich jedenfalls. Leider dauerte dies jedoch nicht lange an und bitter musste ich meine Fehleinschätzung erkennen.

Eines Tages, ich kam spät abends nach Hause, erwartete mich meine Tochter aufgelöst weinend an der Haustür. Sie versuchte mir zu erklären, dass ihre Mutter in den frühen Morgenstunden das Haus mit

Handgepäck in einem Taxi verlassen hatte und nach London fliegen wollte. Storm hatte sie mitgenommen. Einige Zeit später rief Juanita mich an und erklärte, sie wäre in London und flöge noch heute zurück nach Südafrika.

Es war ein Samstagabend und mir fehlte am Sonntag die Zeit, weitere Maßnahmen zu ergreifen. Marcelle konnte ich Gott sei Dank beruhigen und wir wollten die Problematik am Sonntag besprechen. In der Nacht fand ich jedoch keinen Schlaf und befasste mich gedanklich mit diesem Ereignis: Juanita, meine Ehefrau, hatte mir meinen Sohn entführt und Marcelle war nun alleine, wenn ich zur Arbeit musste. Wie könnte ich da Abhilfe schaffen?

Unsere Nachbarin war ebenfalls verheiratet und ihr Ehemann arbeitete als Schlosser auf der Zeche. Sie hatten einen Sohn, der fünf Jahre alt war und die Ehefrau betreute das Kind. Vielleicht könnte Marcelle ihr bei dieser Betreuung helfend zur Hand gehen. Sie hätte in ihrer freien Zeit nach der Schule eine Aufgabe und wäre nicht alleine. Und ich könnte meiner Arbeit sorgloser nachgehen. Der Nachbarin schilderte ich dann am nächsten Tag im Beisein von Marcelle unsere Situation und erklärte meinen Vorschlag. Sie und auch Marcelle zeigten sich begeistert von meiner Idee. Das Zusammensein der beiden entwickelte sich sehr gut und auch unsere Wohnung war immer aufgeräumt und gereinigt. Marcelle war erst fünfzehn Jahre alt und sie machte in dieser schwierigen Zeit einen sehr guten Job. Es war jedoch ein Zustand eingetreten, den ich nicht als gut und „normal" bezeichnen konnte. Marcelle brauchte doch ihre Mutter und ihren Bruder und beruflich war ich zu sehr eingespannt, um ihr die erforderliche Aufmerksamkeit und Unterstützung zu bieten. Deshalb nahm ich zu Marcelles leiblichem Vater John in Johannesburg (Südafrika) telefonisch Verbindung auf und erläuterte ihm unsere Lage. Er war entsetzt über die schwerwiegende Maßnahme von Juanita und erklärte sich sofort bereit seine Tochter aufzunehmen. John war finanziell gut aufgestellt und bewohnte sein eigenes Haus. Für Marcelle war genügend Platz vorhanden und in unmittelbarer Nähe befand sich eine sehr gute Privatschule. Bei John war Marcelle somit in besten Händen und konnte mit jeder erforderlichen Unterstützung und Betreuung rechnen.

Die weiße Bevölkerung in Südafrika stellte fast immer eine sogenannte Nanny, meist eine Schwarze, ein, die für die Betreuung der Kinder verantwortlich war. Bestimmt fand auch John eine gute Nanny für Marcelle, überlegte ich. Vier Wochen später brachte ich Marcelle mit dem Auto nach Bonn zur Südafrikanischen Botschaft und in den Abendstunden wurde sie für den Rückflug nach Südafrika von einem Botschaftsangehörigen zum Flugplatz gebracht.

Meine Wohnung wollte ich wieder auflösen und ich fand schnell einen neuen Mieter, der auch einen Teil der Möbel kaufte. Den Rest stellte ich bei Freunden unter. Ich lebte wieder im sogenannten Ledigenheim der Zeche. Dort waren Bergleute untergebracht, die meist aus dem Ausland kamen und eine Unterkunftsmöglichkeit benötigten.

Nach einigen Wochen fand ich in Heinsberg eine für mich geeignete Wohnung. In einem freistehenden Haus konnte ich auf der ersten Etage einziehen. Zum Haus gehörte im rückwärtigen Bereich eine große, eingezäunte Wiese mit vielen Obstbäumen. Im Erdgeschoss wohnte eine Frau mit zwei Kindern, die mir später eine große Hilfe war. Meine kleine Wohnung war bestückt mit einer Veranda, die von Buschwerk eingefasst war. Für mich bedeutete sie Wohnen mit einem hohen Entspannungswert. Heinsberg war eine Kleinstadt und ideal für junge und ältere Menschen. Im Vergleich zu Hückelhoven konnte man dort entspannt leben, ohne dass man durch den Kohlenstaub der Zeche belastet wurde.

Vier Wochen später erhielt ich von Juanita ein Schreiben, in dem sie mir mitteilte, dass Storm die deutsche Schule in Swakopmund besuche und sie Geld bräuchte um die Schulkosten zu bezahlen. Außerdem verlangte sie einen monatlichen Geldbetrag als Unterhalt von mir. In Südafrika herrschte zu dieser Zeit eine Wirtschaftskrise und der Geldwert gegenüber der Deutschen Mark war gefallen. Ich war bereit zu zahlen und überwies das Geld sofort. Das Wohlergehen meines Sohnes war für mich in dem Moment das Wichtigste.

Marcelle lebte sich gut bei John ein und war von ihrer Schule begeistert, besonders, als sie zur Schulsprecherin gewählt wurde. Juanita rief Marcelle zwei Mal an und teilte ihr dabei mit, dass sie mit Storm in naher Zukunft zu ihrem Bruder Liege ziehen würde. Liege lebte und arbeitete im Bereich der Hauptstadt Pretoria in einer Goldmine. Weiße Bergleute bekamen damals dort von der Minengesellschaft kostenlos ein Haus zur Verfügung gestellt.

Juanitas Vorhaben fand ich allerdings nicht akzeptabel, da mein Sohn so die deutsche Schule in Swakopmund verlassen musste. Eine deutsche Schule war in Pretoria oder Umgebung nicht vorhanden. Ich war der Ansicht, dass das unbedingt schnell geklärt werden musste und zwar vor Ort. Als Steiger war ich für einen Betriebspunkt verantwortlich und beschloss, beim nächsten Arbeitsgespräch mit dem Betriebsführer, meinen Privatwunsch vorzutragen. Ich wollte unbedingt nach Südafrika, um diese Situation zu klären. Auf welche Art ich diese Klärung vornehmen würde, konnte er sich vielleicht vorstellen.

Risiko: Der erste Aufenthalt in Afrika nach der Flucht

Ich erhielt meinen Urlaub, da in vier Tagen ein Kollege aus seinem Urlaub zurückkehren würde und er meinen Betriebspunkt übernehmen konnte. Erleichtert buchte ich einen Flug nach Johannesburg. Es war eine zwiespältige Angelegenheit für mich, diesen Flug anzutreten. 1984 hatte ich Südafrika fluchtartig verlassen müssen und kehrte nun, nach drei Jahren, wieder zurück. Ob dies Probleme geben würde, fragte ich mich. Soweit ich jedoch vor der Reise aus sicherer Quelle erfahren konnte, wurden Ermittlungen politischer Art, so wie sie bei mir als „Spion" für den Nachrichtendienst vorlagen, nach zwei Jahren eingestellt. Trotz dieser Aussage verschwand das unsichere Gefühl nicht. Erstaunt über die schnelle und freundliche Abfertigung an der Passkontrolle in Johannesburg verließ ich schnell den Flughafen.

Erwartet wurde ich von Liege, Juanita und meinem Sohn Storm. Für mich war es ein wunderbares Gefühl, dass ich Storm mit einer herzlichen Umarmung an meine Brust pressen konnte. In den folgenden Tagen wich er nicht mehr von meiner Seite. Liege brachte uns mit seinem Auto zu seinem Haus. Auf der Fahrt zeigte er uns seinen Arbeitsplatz. Aus der Ferne war schon das Fördergerüst der Goldmine zu erkennen. Der Grubenschacht war 1200 m tief. Die Abbaufelder lagen bei 3000 m Tiefe und konnten über zwei Blindschächte erreicht werden. Blindschächte sind Schachtanlagen, die keine Verbindung nach Übertage hatten. Liege war verantwortlich für die Personen- und Materialbeförderung am Hauptschacht, also dem Schacht, der die Verbindung nach Übertage bedeutet.

Nach zwei Stunden Fahrzeit erreichten wir sein Haus. Mein Gepäck wurde vom Schwarzen Hausboy ins Haus getragen. Vor dem Betreten des Hauses reichte mir ein Schwarzes Hausmädchen ein großes Glas gefüllt mit Brandy und etwas Coca-Cola und es stand eine große Schüssel mit Cookies (Kuchenstücke) bereit.

Dies war meine Welt und ich fühlte mich wie

Zuhause angekommen!

Juanita hatte ich bei meiner Ankunft nur kurz begrüßt und auf der Fahrt kaum beachtet. Sie hielt sich nur tagsüber bei uns auf und übernachtete ihren Angaben nach bei Freunden. Die folgenden Tage waren mit Rundfahrten, Wanderungen und Besichtigung der Stadt Pretoria mit ihrem Regierungsviertel und der Gedenkhalle gefüllt. Wichtig war für mich die Deutsche Botschaft, die für Sonderaufgaben eine für die Öffentlichkeit nicht bekannte Abteilung hatte.

Hier beantragte ich für meinen Sohn einen deutschen Reisepass. Telefonisch hatte ich mich bereits mit dieser Abteilung abgesprochen und die geforderte Geburtsurkunde und Passbilder mitgenommen. Ich wollte Storm mit nach Deutschland nehmen. Zwei Tage vor unserem geplanten Abflug sollte ich den Reisepass für meinen Sohn in der Botschaft abholen.

Die wichtige Frage, ob Storm mit mir, seinem Vater, in Deutschland leben möchte, würde ich ihm erst einige Tage vor dem Rückflug stellen, um ihn nicht zu früh zu stark zu belasten. Für ein Kind im Alter von sieben Jahren ist der Kreis der Familie mit Mutter, Vater und Geschwistern meiner Ansicht nach entscheidend. Seine Mutter und Schwester lebten in Südafrika, ich war nur ein Teil dieser Familie und ich kehrte zurück nach Deutschland. Dass Storm schon seit meiner Ankunft in Südafrika nicht von meiner Seite gewichen war, betrachtete ich als ein sehr gutes Zeichen. Erst brauchten wir einige Tage, an denen wir beide von den anderen Familienmitgliedern getrennt wären, überlegte ich. Ich mietete mir einen kleinen Geländewagen und wir beide starteten eine Tour durch den bekannten und großen Krüger Nationalpark. Ich hatte uns eine große Rundtour ausgesucht, die nach Norden führte und nicht weit von der Grenze nach Mosambik entfernt war. Wir übernachteten in geschützten Camps in afrikanischen

Hütten mit Beleuchtung aus Kerzenlicht und schliefen in Schlafsäcken auf Holzliegen unter Moskitonetzen. Das Essenangebot war einfach gehalten, aber wir wurden satt. Wir beide lieben Süßigkeiten und hatten uns vor Beginn der Reise mit Schokolade, süßen Keksen und Limonade gut eingedeckt. Wir waren schon drei Tage unterwegs und bewegten uns mit dem kleinen Geländewagen auf einer Höhenstraße, die nicht nach Mosambik führte. Es war bereits 17.00 Uhr und wir mussten bis 18.00 Uhr das nächste Camp erreichen, da um diese Zeit die Eingangstore verschlossen wurden. Große Tierherden von Springböcken kreuzten unseren Weg und wir mussten anhalten, um einen Unfall zu vermeiden. Die Tiere waren auf der Flucht, da aus der Richtung Mosambik der Busch brannte. In Mosambik herrschte noch Krieg und die Kriegshandlungen hatten diesen Flächenbrand ausgelöst. Plötzlich konnten wir auch Elefanten erkennen, die sich in unsere Richtung bewegten. Die Luft war durch das Buschfeuer und der Fluchtbewegung der Tiere mit aufgewirbeltem Staub vernebelt und schränkte die Sicht ein. Der Motor unseres Autos war ausgegangen und sprang nicht mehr an. Nun wurde es kritisch, nein, es wurde für uns lebensgefährlich. Die Elefanten waren durch den Brand und durch die Flucht der anderen Tiere in eine Panikstimmung versetzt und würden unser

Fahrzeug bestimmt angreifen, befürchtete ich. Ich sprang aus dem Auto, öffnete die Motorhaube, schlug mit einem Holzklotz gegen den Anlasser, sprang zurück ins Auto und startete. Das Auto sprang tatsächlich an. Der kleine Storm hatte ebenfalls die Gefahr erkannt und bereits unser Brot den Elefanten entgegengeworfen und einige Tiere reagierten darauf. Wir konnten die Gefahrenzone blitzartig verlassen. Es war für uns eine große Erleichterung, diese Situation ohne Schaden hinter uns gebracht zu haben. Voller Stolz und ausgelassener Freunde schrien wir laut und sangen. Das Camp erreichten wir in der Zeit und nachdem wir diesen Vorfall gemeldet hatten, sperrten die Park Ranger den Geländeabschnitt und gaben Warnungen an alle Einrichtungen durch. Wir befanden uns auf unserer Rundtour am nördlichsten Punkt des Nationalparks und fuhren weiter Richtung Süden. Sechs Tage später verließen wir den Park und begaben uns auf den Rückweg. Die Deutschlandfrage brauchte ich Storm nicht mehr zu stellen, er selbst fragte mich: „Daddy darf ich mit dir zurück nach Deutschland?" Für mich war das eine glückliche Wendung. In Pretoria holte ich bei der Deutschen Botschaft den Reisepass für Storm ab. Als Geschenk der Botschaft erhielten wir beide eine kostenlose Übernachtung im Holiday Inn

Hotel am Flugplatz. Wir sollten gut erholt Deutschland erreichen, wünschte uns die Botschaft.

Eine verrückte Welt!

Juanita und Marcelle waren bereits zwei Tage vorher nach Cape Town geflogen, was mir Marcelle telefonisch mitteilte. Der Wohnort meiner Frau war also nicht Swakopmund oder Pretoria, sondern Cape Town und Storm hatte nur zeitweise die englische Grundschule besucht. Marcelle lebte aber weiterhin bei John in Johannesburg und machte dort nach zwei Jahren das Abitur (Matric).

Liege brachte uns zum Flugplatz und setzte uns im Holiday Inn ab. Es war ein herzlicher Abschied von ihm. Er war für mich ein vertrauenswürdiger Mensch, da er meine Entscheidung, dass Storm seinen Lebensweg in Deutschland finden würde, anerkannte. In den frühen Morgenstunden hob unser Flugzeug ab.

Zurück in Deutschland

Am späten Nachmittag waren wir Zuhause und wurden von den Hausbewohnern empfangen. Dass ich meinen Sohn mitbringen würde, hatte ich ihnen vorab telefonisch mitgeteilt. Sie hatten extra für Storm ein bezogenes Bett in mein Schlafzimmer gestellt und luden uns zum Essen ein. Die restliche Zeit des Tages verbrachten die Kinder im Garten, in dem ein Planschbecken aufgebaut war.

Ich hatte noch zwei freie Tage, erst dann brauchte ich meine Arbeit wieder aufzunehmen. In dieser Zeit musste ich noch wichtige Dinge einleiten:

1. Die Anmeldung Storms in der Grundschule von Heinsberg.
2. Seine Registrierung beim Einwohnermeldeamt.
3. Das Sorgerecht für meinen Sohn beim Amtsgericht beantragen.

Am nächsten Tag suchten Storm und ich die Grundschule auf. Es war schon etwas kompliziert, dem Schulleiter Storms Schulverlauf zu erklären. Aufgewachsen war er zweisprachig, eingeschult wurde er im Alter von sechs Jahren in der Deutschen Schule von Swakopmund in Süd-West-Afrika. Nach einem Jahr verließ er die Schule wieder und besuchte die deutsche Schule in Windhoek. Meine Frau verließ mit ihm Windhoek und verlegte den Wohnsitz nach Cape Town, wo er dann in einer englischen Grundschule war.

Bei meinem dreiwöchigen Aufenthalt in Südafrika unterhielt ich mich nur in Deutsch mit Storm und seine Deutschkenntnisse hatten sich bereits verbessert. Der Schulleiter war überzeugt, dass Storm sehr schnell den Sprachnachteil aufholen würde. Er wurde in die dritte Klasse eingestuft und konnte am nächsten Tag mit der Schule beginnen.

Nachdem der erste Punkt erledigt war, suchten wir ein Restaurant auf und verspeisten mit gutem Appetit eine Portion Eiscreme und dann ging es weiter zur nächsten Aufgabe auf der Liste. Das Büro des Einwohnermeldeamtes befand sich im Rathaus und ohne Probleme erfolgte die Eintragung. Auf den Weg zu den verschiedenen Einrichtungen agierte ich als Fremdenführer und erklärte meinem Sohn deren Funktion.

Die letzte Einrichtung, die ich aufsuchen wollte, war das Amtsgericht, das etwas außerhalb von Heinsberg zu finden war. Hier machte ich einen Termin aus, um das Sorgerecht für Storm zu beantragen und an dieser Besprechung brauchte und sollte Storm nicht teilnehmen. Nach einer sorgfältigen Ermittlung durch das Amtsgericht Heinsberg wurde mir 1988 das Sorgerecht für meinen Sohn übertragen. Unsere Nachbarin wurde im Abschlussbericht mit folgenden Worten lobend erwähnt: „Während der Abwesenheit des Antragstellers (für die Dauer der Arbeit) hat sich die Mieterin, im gleichen Haus wohnhaft wie der Antragsteller, bereit erklärt, auf den Jungen aufzupassen. Sie hat selbst zwei Kinder im Alter von 14 und 17 Jahren und weiß mit Kindern umzugehen. Dies befürwortet auch das Jugendamt."

Am nächsten Tag nahmen sich die Kinder der Mieterin Storm an und gingen mit ihm zusammen zur Schule. Den Rückweg nach der Schule konnte Storm alleine ohne Schwierigkeit finden. Storm hatte von mir eine gute Eigenschaft geerbt. Ich konnte mich gut orientieren und er konnte dies auch.

Er war in seinem neuen Lebensbereich erfolgreich und problemlos angekommen. Ich konnte meiner Arbeit nachgehen und brauchte mir darüber erstmal keine Sorgen mehr machen.

Juanita überzeugte ich davon, dass unsere Ehe keinen Bestand mehr hatte und über die eingesetzten Anwälte in Südafrika und Deutschland wurde 1989 die Scheidung ausgesprochen.

Was mich allerdings noch beschäftigte, war Storms Wohlbefinden nach all diesen familiären Änderungen. Er brauchte seinem Alter entsprechend eine funktionierende Familie. Ich musste also eine Partnerin finden.

An einem Samstag, Storm war gut versorgt, besuchte ich einen Nachtclub in Heinsberg und lernte eine junge und hübsche Frau kennen. Wir waren uns sofort zugetan. Sie verließ ihren damaligen Freund und zog bei uns ein. Storm war begeistert von dieser Frau, da sie seine kleinen Probleme erkannte und diese mit viel Herzlichkeit und auch Liebe abstellen konnte. Wir brauchten allerdings eine größere Wohnung und konnten durch einen Arbeitskollegen, der in Waldfeucht mit seiner Familie ein großes Haus besaß, Unterstützung und Hilfe finden. Im gleichen Ort war ein Haus mit großem Garten und Gästehaus in guter Lage zu einem günstigen Preis zu vermieten. Wir drei waren davon begeistert und zogen dort ein.

Da meine Lebensgefährtin ebenfalls berufstätig als Verkäuferin im Schichtdienst arbeitete, bekam Storm einen jungen Schäferhund geschenkt, um auch ihm eine Aufgabe zu geben. Wir bauten für den Hund im Garten einen Hundezwinger auf. In Swakopmund wuchsen die Kinder auch mit einem Schäferhund auf und dies hatte für sie einen hohen Erziehungswert. Meine Partnerin kümmerte sich wie eine Mutter um

Storm und er gab die Fürsorge, die er erhielt, an den Hund weiter.

Storm war bis dato noch nicht getauft. Deshalb besuchte ich mit ihm den Dom in Aachen und andere katholische Kirchen. Als letztes eine evangelische Notkirche. Aufgrund der letzten Kriegsereignisse waren die wenigen evangelischen Kirchen noch zerstört und es fehlte das Geld für einen Wiederaufbau. Von den katholischen Kirchen zeigte mein Sohn sich sehr begeistert und er entschied sich zu einer Taufe im katholischen Glauben. Ich war erleichtert. Als Katholik fand er in dieser Zeit mehr Unterstützung und Anerkennung im Rheinland. Meine Partnerin organisierte mit Hilfe ihrer Schwester eine Taufe. Die Schwester lebte in der Kleinstadt Geilenkirchen mit ihrem Mann und zwei Kindern. Sie betreute dort eine katholische Jugendgruppe. In diesem Kreis wurde eine feierliche Veranstaltung arrangiert und ein katholischer Geistlicher taufte Storm.

Die Schulferien begannen in diesem Jahr schon Anfang Juli und ich fand durch Zufall eine Ferienwohnung in Berchtesgaden. Wir verlebten dort eine wunderbare Zeit zu dritt. Ich zeigte den beiden die wichtigsten Orte meiner Kinderzeit. Besonders stolz war ich auf die Fallschirmabsprünge als Soldat über Berchtesgaden. Ende Juli wurde ich 50 Jahre alt und meine Lebensgefährtin arrangierte eine große Geburtstagsparty für mich. In Gedenken an unseren Urlaub in Berchtesgaden sollten alle Gäste in bayrischer Tracht erscheinen. Die Frauen in einem Dirndlkleid und die Männer, wenn möglich, in kurzer oder langer Lederhose. Auch die Kinder waren dem Motto entsprechend gekleidet und sprangen oder tanzten auf bayrischer Musik, die von einem Schallplattenspieler ertönte, begeistert durch das Haus. Wir als Erwachsene tanzten etwas später nach der zu dieser Zeit angesagten Musik.

Leben bedeutet Veränderungen

Für mich bedeutete mein Alter einen Einschnitt. Meine Lebenszeit hatte sich verändert oder besser gesagt verkürzt und in etwa zehn Jahren würde ich bereits als alt eingestuft. Ich verspürte das Verlangen, einen anderen, neuen Lebensweg einzuschlagen. Meine Lebensgefährtin hatte für die Zukunft eigene Vorstellungen. Sie wollte eine feste Bindung mit eigenen Kindern. Dies entsprach jedoch nicht den meinen. Ein solches Leben kannte ich zur Genüge und wollte es nicht mehr. Und somit trennten wir uns. Sie konnte nun ihre Zukunft mit einem neuen Partner und auch eigenen Kindern aufbauen. Für Storm war die Trennung von meiner Partnerin nicht einfach, aber er musste sich mit dieser Tatsache abfinden.

Als weiteres einschneidendes Ereignis in dieser Zeit traf uns der Tod meiner Mutter. Clemens, ihr Lebensgefährte, teilte mir dies telefonisch mit und ich fuhr sofort mit Storm nach Aachen. Während der Fahrt informierte ich ihn davon, dass seine Oma verstorben war. Bei unserer Ankunft saß meine Mutter in einem Sessel und machte den Eindruck, als hielte sie ein Nickerchen. Storm lief zur Oma, fasste ihre Hand sachte an und betrachtete sie traurig. Für ihn war dies die erste Erfahrung einer endgültigen Trennung durch den Tod von jemanden, hier seiner geliebten Oma.

Um die Traurigkeit über diese Ereignisse abzuschwächen, könnte vielleicht ein Ortswechsel eine helfende Möglichkeit sein, dachte ich mir. Ein Arbeitskollege lieferte auch diesmal eine gute Idee. Ich sollte doch ein Haus zu einem günstigen Preis in guter Lage kaufen. Sein Bruder kannte einen Kollegen aus Wassenberg, der aus Altersgründen sein Haus verkaufen wollte. Das Haus befand sich in Effeld und dieser Ort liegt an der Grenze zu Holland und ist bis heute bekannt durch den Spargelanbau. Außerdem gibt es dort einen großen Badesee inmitten eines Waldgebietes. Ein ehemaliger Baggersee, der durch das Abbaggern des Kiesvorkommens entstand, hatte eine Größe von 40 Hektar. Es gab schon ein Schwimmbad, dass noch weiter ausgebaut werden sollte. Geplant waren auch ein Restaurant, ein Campingplatz und Ferienwohnungen. Der Ort selbst hatte eine große Bürgerhalle für viele Veranstaltungen und ein modernes Restaurant. Hier wurden nicht nur für junge Menschen viele Abwechslungen geboten. Am folgenden Wochenende besichtigten wir das große Grundstück mit dem Haus, das sich am Ortsrand befand. Auf dem Grundstück wuchsen mehrere Obstbäume und ein riesiger Walnussbaum. Daneben lag ein großes Spargelfeld. Das freistehende

Einfamilienhaus besaß eine vorgebaute Garage. Im Vorderbereich des Hauses führte ein Flur zu drei Zimmern und einem Bad mit Toilette. Im hinteren Bereich lagen zwei Zimmer und noch ein zweites Bad mit Toilette. Weiterhin gab es einen Anbau und einen Kellerraum. Der große Dachstuhl konnte über eine schmale Treppe erreicht werden, war aber nicht ausgebaut. Das Haus wurde mit Gas beheizt und der zuständige Gascontainer stand im Garten und war gut zugänglich für die jährliche Gasanlieferung. Mein Arbeitskollege gab mir eine wertvolle Beurteilung zum Zustand des Objektes. Es besaß eine gute Bausubstanz, Fensterrahmen und Türen waren neuwertig und erst im letzten Jahr ausgewechselt worden. So auch der Holzfußboden. Die Gasheizung wäre nicht mehr notwendig, da die Firma, bei der ich arbeitete, jährlich acht Tonnen Kohle kostenlos zur Verfügung stellte. Einen automatischen Schellenberg Kohleofen könnte mir mein Kollege günstig besorgen und einbauen. Wären Arbeitskräfte notwendig, würde mir auch damit die Firma aushelfen. Es war keine Überredung notwendig, ich kaufte das Haus.

Bei einem Unwetter im darauffolgenden Jahr, das den Raum Effeld traf, wurde das Hausdach beschädigt. Auf Anfrage sandte mir das Wetteramt eine Aufzeichnung zu, die zeigte, dass mein Haus im Unwetterzentrum lag. Meine Wohngebäudeversicherung begutachtete den Schaden und ich erhielt die Genehmigung, den Dachstuhl zu erneuern und das Dach neu decken zu lassen. Eine größere Sanierung war nicht notwendig.

Storm besuchte die Grundschule in Wassenberg und fand schnell neue Freunde. Marcelle, die ihr Abitur in Johannisburg bestanden hatte, wohnte nun mit uns im neuen Haus. Sie kam zu uns zurück, weil ihr das Leben in Deutschland gut gefiel und wollte bei ihrem Bruder und mir sein. Marcelle erhielt eine Lehrstelle zur Hotelfachfrau auf der Burg Wassenberg und ihre Deutschkenntnisse aufzubessern war für Marcelle eine leichte Übung, da sie sehr gute Voraussetzungen aus ihrer Lebenszeit in Swakopmund und Deutschland besaß.

Der Alltag kehrte ein

Im Jahr 1992 erhielt ich vom Angelverein der Zeche eine Einladung nach Dänemark zum Fischfang. Der Vorstand des Vereins war ein Kontrollsteiger der Zeche, der unsere speziellen Arbeiten im Untertage-bereich überwachte. Die Zeche zahlte monatlich hohe Beträge für die ausgeführten Arbeiten an unsere Firma. Solch eine Einladung hatte also einen gewissen Wert. Für den Fischfang war eine Woche festgelegt. Mit acht Personen fuhren wir in Privatfahrzeugen nach Dänemark. Für die Hin- und Rückfahrt war ich ebenfalls eingeladen und wurde morgens Zuhause abgeholt. Am Spätnachmittag kamen wir in Dänemark an und mit einem Boot setzte man uns auf einer Insel ab. Dort bezogen wir ein modernes Gästehaus. Die Verpflegung war inbegriffen. Am folgenden Tag startete die Angeltour mit einem Motorboot für richtiges Tiefseeangeln. Wir hatten tatsächlich Anglerglück und fingen viele Fische, die nach unserer Rückkehr von den Angestellten ausgenommen und eingefroren wurden. Den Fisch sollten wir nämlich nach Deutschland mitnehmen. Nach einem reichhaltigen Abendessen unterhielten wir uns über die Zukunft der Zeche. Soweit ich aus den Gesprächen erfuhr, bestand eine gute Aussicht für den weiteren Fortbestand der Zeche. In der Zeit von 1987 bis

1988 wurden in den Ortsbereichen von Baal, Matzerath und Lövenich, man bezeichnete diese Bereiche als das sogenannte Südfeld, Ermittlungsbohrungen bis in einer Tiefe von 1000 m durchgeführt. Schon bei einer Bohrtiefe von 700 m entdeckte man Kohleflöze mit einer Mächtigkeit von drei Meter. Weiter in südlicher Richtung stieg die Stärke der Kohleflöze über vier Meter an. Es handelte sich dabei um hochwertige Anthrazitkohle. Die Kohlevorräte, die dort lagerten, überschritten die Fördermenge, die von der Zeche Sophia-Jacoba in all den rückliegenden Jahren gefördert wurde. Ich war sehr beeindruckt über diese Sachlage. Sollte der politische Gedanke, diese Zeche zu schließen, verfolgt werden, wäre dies eine katastrophale Entscheidung.

Unser Urlaub neigte sich bereits dem Ende zu, als wir in den Morgenstunden in den Radionachrichten erfuhren, dass ein Erdbeben im Großraum Heinsberg Schäden angerichtet hatte. Sofort brachen wir den Urlaub ab, fuhren mit dem Boot zum Festland und mit den Autos nach Deutschland zurück. Mich setzte man in Effeld ab und Gott sei Dank war dort soweit alles in Ordnung. Die Kinder sahen etwas verschlafen aus, da sie in der Nacht durch unheimlichen Lärm und ruckartige Bewegungen geweckt wurden. Es hätte sich so angehört, als wäre ein Güterzug direkt neben dem Haus vorbeigefahren. Das Haus hätte sich mit den Möbeln bewegt. Die Kinder befanden sich wohl noch in einer Art Schockzustand. Ein Zustand, den man schlecht erklären konnte, da man keine Vergleiche hatte. Wie lange dieses Ereignis angedauert hatte, blieb ein Rätsel. Ich stellte auch am Haus auf die Schnelle keine Schäden fest.

Um den beiden ein gewisses Verständnis für dieses Ereignis zu geben, unterhielten wir uns über die Stärke der Natur und deren Verhalten. Storm berichtete, dass er bereits ein Erdbeben in Südafrika bei seinem Aufenthalt bei Onkel Liege erlebte. In der Nacht wäre er plötzlich aufgewacht, sein Bett schaukelte leicht und aus einem Schrank erklang ein Klirren, als ob Gläser sich berührten. Er wäre aber wieder eingeschlafen und hätte diesen Vorgang vergessen. Ich erklärte meinen Kindern, dass dieses sogenannte Erdbeben in Pretoria wohl durch eine Sprengung im Untertagebereich ausgelöst worden wäre. Ein Bergmann sprengte Felsen, um so das Gold vom Gestein freizulegen. Diese Felsmassen liegen in langen Schichten und dazwischen kann sich Gold befinden. Die gewaltige Macht der Sprengung bewegt die Felsschichten und man spürt die Erschütterung noch in weiten Entfernungen. Darum wohl das leichte „Beben" im Haus von Onkel Liege. Das richtige Erdbeben müsste man sich so vorstellen, erläuterte ich: Die Erde besteht aus einer flüssigen Masse und wird durch Erdplatten stabilisiert. Man kann es auch mit Eisschollen vergleichen, die auf dem Wasser schwimmen. Diese Erdplatten sind oft so groß wie ein Kontinent. Da sich die Kontinentalplatten auf der sich drehenden Erdkugel bewegen und dadurch Reibung oder Druck entsteht, kann es in diesen Bereichen zu Erdbeben kommen. Die Gewalt ist unbeschreiblich groß und der Mensch kann es nur mit technischen Frühwarnsystemen beobachten und Warnungen aussenden.

Das Epizentrum des Erdbebens 1992 lag in der Ortschaft Roermond in Holland, nicht weit von Heinsberg entfernt und richtete in dieser Gegend einige Sachschäden an. Erst später entdeckte ich, dass das Erdbeben auf unserem Grundstück eine freistehende Mauer umkippen ließ, die ich aber eh noch abreißen wollte. Somit hatte ich einen Bauhelfer, aber auf solche Bauhelfer kann ich gerne verzichten.

Zu Beginn der Frühlingszeit konzentrierten wir uns auf die anstehende Gartenarbeit. Als erstes war ein ca. 250 m langer Zaun geplant, der eine große nachbarliche Weidefläche abgrenzen sollte. Es stand dort als Abgrenzung ein verrotteter Stacheldrahtzaun, der keinen guten Eindruck machte. Mit einem Abstand von einem halben Meter am Zaun entlang pflanzten wir Setzlinge, die sich nach einem Jahr zu einer prächtigen Weidenhecke entwickelte. Eine solche Hecke pflanzten wir auch zu unserem Nachbarn, dessen Sichtweite wir zu uns herüber damit einschränkten. Nicht weit vom Hauseingang richteten wir einen Empfangsbereich mit Gartenmöbeln für Gäste ein. Unseren Schäferhund trainierten wir so, dass er nicht angemeldete Personen den Zutritt zum Wohnbereich nicht verweigerte, aus Sicherheitsgründen aber ein Verlassen nicht zuließ. Das Grundstück war jetzt umzäunt und besaß eine Zufahrt für Fußgänger und Automobile und das Eingangstor konnte in den Nachtstunden verschlossen werden. Weiterhin rissen wir die vor dem Haus angebaute Garage ab und bauten eine Fertiggarage in der Umgebung vom Eingangstor auf. Nun hatten wir eine freie Aussicht zum Hauszugang und der neuen Garage, damit war die allgemeine Sicherheit vorhanden. Was uns noch störte, war der rote Anstrich des Hauses. Vielleicht hatte der Vorbesitzer einen Urlaub in Skandinavien verlebt und war begeistert von den dort oft rot angestrichenen Häusern. Aus alter Tradition macht man das dort heute noch. Wir strichen jedenfalls das Haus weiß an und waren mit dem neuen Anblick zufrieden.

An den Wochenenden unternahm ich mit Storm und seinen Freunden Wanderungen im Umland oder wir besuchten Clemens in Belgien. In der Ortschaft Bütgenbach verlebte er die Zeit in den Sommermonaten auf dem Campingplatz in seinem Wohnwagen. Storm war manchmal mit meiner Freizeitgestaltung nicht so recht einverstanden. Er hatte ein Alter erreicht, in dem er eigene Entscheidungen und Unternehmungen mit seinen Freunden treffen wollte. Die jungen Leute waren an den Wochenenden in Partystimmung und veranstalteten am Effelder Waldsee Grillabende in weiblicher Gesellschaft. Im Vordergrund stand für ihn allerdings ein eigenes Auto. Um dies fahren zu dürfen, brauchte er einen Führerschein und dazu war wieder die gute Verbindung zum Elternhaus zur Finanzierung nötig. Und die wollte er deshalb nicht beeinträchtigen.

In der ländlichen Gegend war damals das praktische Üben mit dem Auto auf guten Feldwegen in Effeld und der Umgebung nur in Zusammenarbeit mit den Eltern möglich, auch wenn das nicht ganz legal war. Wir fuhren mehrmals in der Woche auf den verkehrsarmen Wegen. Mein Sohn steuerte das Auto und ich sah erstaunt, dass sein Umgang mit dem Auto und seine Fahrweise sicher waren. Dies hätte er von Onkel Liege in Südafrika gelernt, beantwortete er mir dann meine noch nicht gestellte Frage.

Südafrika war noch immer tief in seinem Herzen vergraben und er wollte unbedingt seine Mutter sehen. Wir erreichten sie telefonisch und er gab ihr zu verstehen, dass er sie in den Schulferien besuchen möchte. Sie reagierte sehr erfreut darüber. Storm war 16 Jahre alt und er hatte das Recht seine Mutter in Südafrika zu besuchen und, wenn alles bei ihr in geordneten Verhältnissen ablief, auch bei ihr zu bleiben. Der Abschied von meinem Sohn fiel mir nicht leicht. Marcelle äußerte ebenso Bedenken darüber, dass ihr Bruder bei dieser herrschenden unsicheren politischen Lage dort seinen Urlaub verleben wollte. In Südafrika wurde 1994 endgültig die Apartheid abgeschafft und die ersten freien Wahlen fanden statt:

„Jeder Südafrikaner hat das Recht zur Wahl gehen zu dürfen."

Eine Partei von Schwarzen kam an die Regierung und Nelson Mandela wurde der erste Schwarze Präsident. Mandela hatte Rechtswissenschaft studiert und setzte sich als Anwalt in Johannesburg für die Schwächeren ein. Er bekämpfte die Apartheit und verbrachte dafür 27 Jahre im Gefängnis. Er erhielt für seinen Einsatz den Friedensnobelpreis.

Storm hatte seinen Urlaub in Südafrika überzogen und sollte auf der Gesamtschule in Wassenberg den Schuljahrgang wiederholen. Deshalb wechselte er von der Betty-Reis-Gesamtschule zur Bergberufsschule Sophia-Jacobas. Die Zeche bot für Jugendliche, die aus Zeitnot oder anderen Ereignissen Schuldefizite hatten ein vorbildliches Schulprogramm. Dort schloss er mit einem Hauptschulabschluss ab. Anschließend begann er eine Lehre als Feinmechaniker, die er ebenfalls erfolgreich beendete.

Als Storm 18 Jahre alt war, erhielt er eine Mitteilung von der Bundeswehr. Er sollte sich bei dem Kreiswehrersatzamt Jülich melden, dort würde seine gesundheitliche Eignung zum Wehrdienst überprüft. Er wurde als für alle Waffengattungen geeignet eingestuft. Da er unseren Lebensraum nicht verlassen wollte, war er am Dienst bei der Luftwaffe interessiert. Die Grundausbildung als Luftwaffensoldat fand nämlich in der Nähe in Holland statt. Dort gab es in der Ortschaft Budel eine Ausbildungseinrichtung für Rekruten der deutschen Luftwaffe. Am Ende der Grundausbildung waren die Eltern zum feierlichen Gelöbnis eingeladen. In der Uniform als Luftwaffensoldat machte mein Sohn einen hervorragenden Eindruck und ich war stolz auf sein gutes und gesundes Aussehen.

Nach der Grundausbildung wurde Storm zur Versorgungseinheit der Luftwaffe nach Gürzenich bei Jülich versetzt. Es handelte sich um ein gut gesichertes und unter der Erde liegendes Munitionslager. Der Verdacht lag vor, dass dort amerikanische Atomsprengkörper gelagert würden. Er stellte dann einen Versetzungsantrag an die internationale Militärpolizei, die für die Sicherheit des internationalen Flugplatzes Teveren im Kreis Heinsberg zuständig war. Auf dem Flugplatz war die Frühwarnflotte AWACS mit ihren Aufklärungsflugzeugen stationiert. Mein Vetter, ein Jurist, ließ meinem Sohn alle nötigen Informationen zukommen, um eine zügige Versetzung zur Nato-Luftwaffeneinheit zu erreichen. Die englische Sprache, eine Voraussetzung für diesen Dienst, mussten Deutsche und Soldaten aus anderen Nato-Staaten mit nicht ausreichenden Sprachkenntnissen in einem Sprachlehrgang aufbessern. Beim Einstellungsgespräch bewies mein Sohn seine guten englischen Sprachkenntnisse, so dass für ihn ein Sprachlehrgang nicht notwendig war. Sein Antrag wurde aufgrund der Empfehlung meines Vetters zügig bearbeitet und er konnte seinen Dienst sofort antreten. Er wurde zum Militärpolizisten ausgebildet und nach zwei Jahren Dienstzeit verlängerte er sie auf vier Jahre. In Hamburg belegte er einen Unteroffizierslehrgang und wurde Unteroffizier der Militärpolizei.

Ein neuer Lebensabschnitt

Aufgrund der vielen Ereignisse beachtete ich die Zeit kaum und die Wochen, Monate und Jahre liefen nur so dahin. Im Monat Mai 1995 bekam ich die Mitteilung von meiner Firma über eine sogenannte „ANPASSUNG". Da meine Arbeitszeit bis zur Altersrente nur noch fünf Jahre betrug, konnte ich laut Gesetz in einen vorzeitigen Ruhestand, unter Beibehalt meiner Lohnzahlungen und den weiteren Vergütungen, versetzt werden. Dies galt jedoch nur für Arbeitnehmer des Steinkohlebergbaus. Nun war für mich klar zu erkennen, dass die Kohlezechen in Deutschland geschlossen würden. Der schon historische Kampf der Bergleute und deren Familien bot nicht die Möglichkeit, das Schließungsdatum der Zeche Sophia-Jacoba für März 1997 zu verändern. Ich arbeitete seit einer geraumen Zeit nur noch auf Nachtschicht in einem Streckenvortrieb. Es wurde keine Sprengarbeit geleistet, sondern eine Teilschnittmaschine schnitt das Gestein. Ich beaufsichtigte acht Bergleute, die technische und bergmännische Aufgaben verrichteten. Wir fuhren pro Tag bei drei Schichten etwa zwölf Meter Vortrieb auf, bei einer Vortriebsfläche von achtzehn qm^2. Meine beiden Kollegen der Früh- und Spätschicht empfanden die Nachtschicht als Belastung. Für mich war sie ideal, da ich somit der Kontrolle und Erziehung meiner Kinder immer zeitgerecht nachkommen konnte. Meine letzte Schicht verbrachte ich mit meinem Sohn auf Sophia-Jacoba. Wir fuhren beide auf der Morgenschicht an. Die Einfahrt nach Untertage mit dem Förderkorb, die Fahrt mit dem Personenzug und der halbstündliche Fußmarsch bis zum Arbeitsplatz waren für meinen Sohn bereits ein Erlebnis. Am Arbeitsplatz vor Ort arbeitete die Teilschnittmaschine, die durch einen Fahrer bedient wurde. Der Fahrer saß hoch in einer Kanzel, vergleichbar mit einem Traktor, die auf einer großen Panzerkette stand. Ihre Hauptbewegungsrichtung bestand in der Fahrt nach vorne. Vom Fahrer wurde ein etwa vier Meter langer und vierkantig dicker Arm aus Metall (Schneidearm), der an seiner Spitze eine ca. ein Meter große Eisenkugel hatte, die mit vielen Meißeln besetzt war, betätigt. Der Maschinenführer konnte den Schneidearm mit der sich drehenden Kugel durch eine Hebelbewegung vom Maschinenhaus gegen die Gesteinswand drücken und somit das Gestein zertrümmern und abbrechen. Die Gesteinsbrocken fielen auf die Sohle (Boden) vor der Maschine und wurden mit zwei Greifarmen auf ein Eisenförderband geladen. Das Förderband transportierte das Gestein auf ein angeschlossenes kilometerlanges Förderband und brachte es zur Ladestelle. Mit dem Schneidearm inclusive Eisenkugel konnte anschließend der erforderliche Raum ausgeschnitten werden, in dem der Grubenausbau gestellt wurde. Der Maschinenführer befand sich mit seiner Kanzel immer unter dem schon gestellten Grubenausbau, also in Sicherheit vor Gesteinsschlag. Hinter der Kanzel des Gerätes war eine bewegliche Einrichtung eingebaut, in der Bergleute den Grubenausbau vorbereiteten. Es wurden gebogene Eisenkappen auf der beweglichen Einrichtung montiert und es entstanden Halbbögen, die man mit Abstandeisen stabilisierte. In der Zwischenzeit wurde der ausgeschnittene Bereich, die Seiten und die Decke (Hangende) mit Spezialzement ausgespritzt. Dies verhinderte das Einbrechen von Steinplatten und hatte Sicherheitsfunktion für die Bergleute der Ausbauphase. Die Kappen auf der beweglichen Einrichtung konnten nun in den Bereich gefahren und auf der linken und rechten Seite gleichmäßig die Stempel angebaut werden. Mit dem Lasergerät wurde durch Sichtprüfung die Abbaurichtung eingehalten. War der Grubenausbau fertig gestellt, verfüllte man die Bauten mit Verzugslatten, Steinen oder mit Zement. Während der Schneidephase durfte Storm neben dem Fahrer sitzen, unter Aufsicht den Hebel des Schneidearms betätigen und mit dieser Kraft Steine zertrümmern. Storm zeigte sich völlig begeistert von der Arbeit der Bergleute. Eine Stunde vor Arbeitsende verließen wir den Arbeitsplatz. Ich übergab dem Vorarbeiter die Verantwortung und ging mit Storm zur Hauptstrecke. Wir fuhren mit einem Schienenfahrrad zum Schacht zurück. Dort stand bereits eine Besuchergruppe zur Ausfahrt bereit. Wir bestiegen zusammen den Korb und während der Fahrt nach Übertage hielt eine Person Storm fest und äußerte entsetzt: „Ich habe die Hölle gesehen." Es war seine ehemalige Lehrerin der Betty-Reis-Gesamtschule Wassenberg, die mit einer Lehrerabordnung an einer Grubenbesichtigung teilnahm. Dass die Arbeit der Bergleute so unterschiedlich aufgefasst wurde, war keine Seltenheit. Nach dem Duschen in der Steigerkaue nahmen wir noch in kleiner Runde einen zünftigen Abschiedstrunk.

Die frühzeitige Anpassung würde nun mein Leben mit den Kindern positiv verändern und ich könnte meinen Lebensrhythmus auf „normal" umstellen. Die ständige Angst einen schweren Unfall als Bergmann zu erleiden, fiel auch weg. Wenige Tage später unterschrieb ich den Anpassungsvertrag.

Und mein Leben veränderte sich wieder einmal!

Ära (Un-)Ruhestand

1. Nebenjob

Ich schied also aus dem aktiven Berufsleben aus und hatte plötzlich viel Zeit, um am Haus und im Garten kleine notwendige Arbeiten zu verrichten. Zudem erkundete ich mit dem Schäferhund die bewaldete und landwirtschaftliche Umgebung. Die Kinder standen im Berufsleben. Marcelle hatte ihren Arbeitsplatz, eine kleine Wohnung und ihren festen Freund in Wassenberg. Storm trat die Ausbildung zum Feldjäger in Teveren an. Ich war also oft alleine Zuhause.

Laut dem Gesetz der Anpassung war es erlaubt, einer kleinen Beschäftigung nachzugehen. In der Tageszeitung, die ich nun aus Zeitgründen auch ganz lesen konnte, stand für mich eine interessante Notiz: „Taxifahrer gesucht". Mir war aufgefallen, dass mir die Umgebung von Wassenberg, Hückelhoven, Heinsberg und anderen Ortschaften nur oberflächlich bekannt war. Taxi fahren wäre doch was für mich, die Umgebung kennenlernen und gleichzeitig etwas Geld verdienen. Das Taxiunternehmen befand sich in Wassenberg und nach einem Telefonat sollte ich mich dort am nächsten Tag um 17.00 Uhr einfinden. Empfangen wurde ich vom Taxiunternehmer, der mir eine kurze Einweisungstour in seinem Dienstwagen gab und mir alle dienstlichen Angelegenheiten erklärte. Am nächsten Tag meldete ich mich zum Erwerb einer Fahrgasterlaubnis an, die ich ohne Probleme erhielt. Für den Taxiführerschein musste ich eine Prüfung ablegen. Der Tag der Prüfung würde mir noch zeitgerecht schriftlich mitgeteilt.

Als ich meine Fahrerlaubnis besaß, wurde ich in den Nachmittagsstunden als Taxifahrer eingesetzt. Mein erster Kunde bezahlte seine Fahrt und das Wechselgeld sollte ich behalten.

Welch ein Kunde!

Die Taxifahrten im Großraum Heinsberg führten meist zu den einschlägigen Nachtlokalen in Oberbruch, Hückelhoven, Ratheim, Wassenberg oder Wegberg. Das Taxiunternehmen bediente neben den täglich wechselnden Fahrten auch eine feste Kundschaft und es fielen täglich einige Nachtfahrten an. Gerne wollte ich einmal in der Woche nachts eingesetzt werden und zwar möglichst in der Nacht von Montag auf Dienstag. In meinem vergangenen Arbeitsleben verrichtete ich gerne Nachtarbeit. In den nächsten Monaten verdiente ich gutes Geld, nur die Arbeitszeit in nur einer Nacht konnte ich leider nicht einhalten, es fehlten nämlich insbesondere Taxifahrer für Nachtfahrten. Ständig wurden Urlauber und Geschäftsleute zum Flugplatz gebracht und auch vom Flug rückkehrende Personen wieder abgeholt. Viele junge Leute besuchten das Nachtleben in Düsseldorf und fuhren mit einem Taxi. Für eine feste weibliche Kundschaft musste die Fahrstrecke von Erkelenz nach Düsseldorf und zurück täglich eingehalten werden. Ein reges Fahrgeschäft in den Nachtstunden fiel also an und ich hatte kaum Zeit mit einem Taxifahrer aus der gleichen Firma ein Schwätzchen zu halten.

Einmal holte ich meinen Sohn von der Diskothek Himmerich bei Hückelhoven nachts mit dem Taxi ab. Erstaunt meinte er: „Mein lieber Dad, dies war aber eine rasante Heimfahrt, so kenne ich dich aber nicht!" Aufgrund vom Alkoholgenuss hatte er wohl nicht die Abkürzungen, die ich nahm, erkannt und war deshalb über die kurze Dauer der Heimfahrt überrascht.

Mit der Arbeit als Taxifahrer war ich schnell vertraut geworden und lernte:

Zeit ist Geld!

Nach Dienstschluss reinigte ich immer den Innenraum des Taxis. Dabei fand ich häufig auf dem Beifahrersitz und dem Boden Geldmünzen. Nach einem

guten Jahr stellte ich das Taxifahren ein. Einige Geld-
scheine konnte ich sparen und wusste bereits, wofür
ich sie ausgeben wollte:

Für ein Motorrad und ein Flugticket nach

Südafrika!

2. Alpenüberquerung

Als ich zufällig im Radio einen Bericht über eine Alpenüberquerung zu Fuß von Oberstdorf nach Meran hörte, war ich davon so beeindruckt, dass ich mich umgehend beim Alpenverein über Einzelheiten erkundigte. Bereits in der folgenden Woche sollte die nächste Tour starten. Ich meldete mich dazu an, teilte dies meinen Kindern mit und war somit für zehn Tage in meinen geliebten Bergen verschwunden.

Oberstdorf im Allgäu war mir noch von meiner Bundeswehrzeit bekannt. Mein Auto konnte ich dort sicher abstellen und die erste Nacht verbrachte ich bei Bekannten.

An dieser Tour nahmen vier Ehepaare und zwei Einzelgänger, so wie ich, teil. Sie kamen alle aus dem süddeutschen Raum Bayern und Baden-Württemberg. Am ersten Tag fuhren wir in den Morgenstunden mit einem Kleinbus nach Spielmannsau und von dort aus begann der Anstieg zur Kemptner Hütte. Mein Rucksack war so gepackt, dass ich auf der Gesamtstrecke mit genügend Bekleidung versorgt war. Für das Ziel Meran hatte ich frische Bekleidung in eine Reisetasche eingepackt, die ich dort im Hotel in Empfang nehmen würde. Auf dem Marsch zur Hütte hatte ich mich zunächst im hinteren Drittel eingegliedert, aber das Schritttempo war mir zu langsam.

Der Abstand zur Vorderreihe vergrößerte sich immer mehr und es wurde für mein Empfinden zu viel geredet. Als Einzelgänger fühlte ich mich in einer kleinen Spitzengruppe, in der man das zügige Wandern genießen konnte, ohne dass großartige Kommentare über Sehenswürdigkeiten gemacht wurden, wohler. Vielleicht prägte mich mein Vorleben so, da ich zum Teil in den Bergen aufwuchs und mich später als Soldat viel in den Bergen bewegte.

Für mich stellte sich jedoch noch ein anders Problem. Zu den touristischen Schwerpunkten wurden wir mit dem Bus oder Taxi gefahren. Dies entsprach nicht meiner Vorstellung, zu Fuß die Alpen zu überqueren. Trotzdem weckte diese Art in mir eine gewisse Begeisterung. Wir wurden von Höhepunkt zu Höhepunkt gefahren und konnten uns in der Unterbrechung von den Anstrengungen erholen, um dann gestärkt und konzentriert die neuen Strecken anzugehen. Bestimmt gab es auch Teilnehmer, die nicht davon überzeugt waren, dass durch eine Wanderpause der fließende Rhythmus gestört wird. Nach einigen Tagen erreichten wir Meran. Später berichtete ich in meinem Freundeskreis von meiner Unternehmung und wurde prompt zur Teilnahme an einer hochalpinen Wanderung in den Allgäuer Alpen eingeladen. Ein pensionierter Sportlehrer organisierte mit seiner Ehefrau die Tour. Er hatte schon zweimal diese Strecke geführt und war als sehr zuverlässig bekannt. Er gab uns zunächst Informationen dazu. Unser Kurzurlaub würde auf dem Heilbronner Weg in den Allgäuer Alpen, mit dem Zielpunkt die Kemptner Hütte zu erreichen, stattfinden. Unsere Gruppe bestünde aus zwölf Personen inclusive weiblicher Begleitung und wir würden Oberstdorf mit der Bahn erreichen. Dann ginge es mit der Seilbahn in den Berg und von dort wandern wir bis zur Rappensee Hütte zum Übernachten. Am folgenden Tag besteigen die Männer den bekannten und hochalpinen Klettersteig mit stahlseilgesicherten, steilen Wegen, die den Bergsteigern ein Gefühl der fast unbegrenzten Freiheit gäben. Vor 100 Jahren wurde der Steig angelegt und hätte eine Länge von drei km. Die Frauen würden auf einer anderen Route zur Rappensee Hütte wandern. Am folgenden Tag ginge es dann gemeinsam auf dem Heilbronner Weg zur Kemptner Hütte und anschließend am nächsten Morgen entspannt bergab Richtung Oberstdorf. Mit der Bahn führen wir wieder zurück nach Hause.

Bei gutem Wetter starteten wir den Anstieg zum Kletterberg und hatten diesen schnell erreicht. Wir mussten aber einige Zeit warten, da schon einige Seilschaften an der Leiter anstanden. Für uns als ehemalige Bergleute war das Klettern mit Hilfsmitteln, wie freihängenden Leitern, an Drahtseilen oder in den Felsen eingeschlagenen Eisenbügeln schon durch die Untertagearbeit bekannt. Wir waren noch immer trittsicher, schwindelfrei und hatten unsere Kondition erhalten. Und somit konnten wir den Berg mit diesem außergewöhnlichen Angebot und der wunderbaren Aussicht in vollen Zügen genießen. Die Frauen hätten diese Kletterstrecke mit unserer Unterstützung bestimmt auch geschafft.

Nach einem erholsamen Abend in der Rappensee Hütte besprachen wir den Marsch zur Kemptner Hütte und welche Sehenswürdigkeiten uns auf dieser Strecke erwarten würden. Aber leider trat über Nacht ein Ereignis ein, dass wir nicht bedacht hatten. Wir befanden uns in den Bergen und das Wetter veränderte sich nach der Sommerzeit oft schnell und radikal. Eine Weiterwanderung auf dem Heilbronner Höhenweg war verboten und wegen der hohen Schneelage nicht mehr möglich. Der Hüttenwirt teilte uns mit, dass ein Trupp von Bergführern von Oberstdorf zur Rappensee Hütte unterwegs wäre, um für uns Teilnehmer den Abstieg zu ermöglichen. Nach dem Frühstück sollten wir uns so vorbereiten, dass wir bei Eintreffen der Bergführer jederzeit abmarschbereit wären. Es herrschte ein kalter Wind und Nebel wie an einem Wintertag. Der Schneefall hatte sich allerdings gelegt. Gegen Mittag trafen die Bergführer ein und nach einer Instruktion verließen wir die warme Unterkunft. Mit den anderen Seilschaften waren wir mit den Bergführen 30 Personen. In einer engen Reihe folgten wir den Bergführern in deren Trittspur bergab. Nach einer Stunde war die Schneedecke abgebaut und dann ganz verschwunden. Wir erreichten alle gut Oberstdorf und bedankten uns herzlichst bei den Bergführern für ihre vorbildliche Hilfe. Mit dem Nachtzug fuhren wir zurück nach Heinsberg.

3. Motorradtour durch Namibia

Eines Tages unterbreitete mir ein ehemaliger Arbeitskollege aus Holland ein verlockendes Angebot. Sein Sohn arbeitete in Heerlen als Polizeibeamter und seine Abteilung verkaufte ein neuwertiges Motorrad. Es war eine Honda Geländemaschine, die nicht mehr benötigt wurde, da die Kontrollfahrten im ländlichen Bereich nicht weiter durchgeführt wurden.

Sofort dachte ich an meinen Traum, den ich nun eigentlich verwirklichen könnte. Ich hatte bei meinen früheren Ermittlungsarbeiten in der Namib Wüste ein Paket mit wertvollem Inhalt verstecken müssen, weil ich im militärischen Wüstenbereich nicht entdeckt werden durfte. Ich wollte es dann später wieder abholen, kam aber damals nicht mehr dazu. Mit einem Motorrad könnte ich vortäuschen, dass ich den Wüstenbereich besichtigen würde. Und nun konnte ich ein Motorrad zu einem günstigen Preis kaufen. Damit würde ich Richtung Süden fahren und dann von Kairo aus den afrikanischen Kontinent bis nach Cape Town bereisen. Die Fahrt in die Namib Wüste sollte nur ein Abstecher werden und meine Finanzkraft stärken.

Meinem Sohn teilte ich lediglich mit, dass ich mit dem gekauften Motorrad eine geplante Campingtour durch Südafrika machen würde und in zwei Monaten wieder zurück wäre. Die Weihnachtszeit und das Neue Jahr würde ich mit Marcelle und der Verwandtschaft in Durban verleben.

An einem Freitag 1996 landete ich verspätet in Durban und meine Tochter und Freunde empfingen mich freudig. Mein Motorrad sollte ich am nächsten Tag am Flugplatz mit einem Vertreter des Technischen Überwachungsvereins (TÜV) abholen. Dies hatte Marcelle alles über einen ansässigen Honda Vertreter organisiert. Der gesamte Ablauf mit Zulassung und Nummernschild kostete mich nur 100 Rand. Als der Händler die Maschine zum Hotel brachte, wo ich sie sicher abstellen konnte, bezahlte ich ihn.

Marcelle, die nach fünf Jahren Lehr- und Arbeitszeit Deutschland verlassen hatte, arbeitete seit einem Jahr in einem Hotel in Durban als Hotelmanagerin. Ihr Arbeitsplatz befand sich in der Goldenen Mile. Diese Mile erstreckt sich am wunderschönen Strand des Indischen Ozeans und wird begrenzt von ausgesuchten Hotels und Wohnblöcken. Meine Tochter wohnte auch an der Beach in einem Wohnblock, der etwa zwei km in nördlicher Richtung liegt. Die Weißen und Schwarzen Hotelangestellten wurden auf dem Nachhauseweg von privaten Sicherheitskräften begleitet. Die Eigentumskriminalität war stark angestiegen. 1994 war durch die Schwarze Regierung die Apartheid abgeschafft und die Weißen bildeten die Minderheit. Sie bewegten sich nun in Gruppen und waren meist Touristen aus dem Ausland. Die Polizei versuchte, durch ihre Anwesenheit die Kriminalität zu unterbinden oder sie zumindest zu verringern. Die unerfahrene Regierung konnte noch nicht ein Land nach demokratischen Richtlinien führen und die gesundheitliche und wirtschaftliche Lage hatte sich verschlechtert. Aids, Tuberkulose und Malaria waren in diesem Land ein großes Problem.

Der Präsident von Südafrika, Nelson Mandela, wollte in seiner Regierungszeit einen gerechten Ausgleich zwischen Weißen und Schwarzen aufbauen. Seine Bemühungen zeigten nur teilweise Erfolg. Viele Weiße in guten und wichtigen beruflichen Stellungen misstrauten den Versprechungen und verließen das Land. Diese Lücken mussten mit Schwarzen Kräften besetzt werden und die Phase ihrer Einarbeitung benötigte viel Zeit.

Südafrika ist reich an wichtigen Rohstoffen, die weltweit benötigt werden. Auch als Urlaubsland ist das Land sehr beliebt und bietet ein vorbildliches

Angebot mit sehr guten Einrichtungen. Für mich ist Südafrika jedenfalls ein wunderbares Land und die negativen Begebenheiten würden sich schon regulieren. Ich möchte versuchen diesem Land mit meinen Kindern irgendwie Unterstützung zu geben und mir dort einen zweiten Wohnsitz aufbauen.

Zu diesem Zeitpunkt jedoch musste ich zuerst meine Tour nach Namibia genau planen um meinen weiteren Wunsch zu erfüllen. Die Geländemaschine hatte den Flug gut überstanden. Für die Fahrt damit brauchte ich jedoch noch eine gute Ausrüstung. Hierzu beriet mich ebenfalls der Honda Händler und stellte mir dann alles Erforderliche zusammen. Ich wollte nur solche Dinge mitnehmen, die für meine ausgesuchte Strecke notwendig waren, wie zum Beispiel das Zelt zur Übernachtung, den Schlafsack und die richtige Bekleidung. Wichtig war auch die Verteilung des Gepäcks, um die sichere Fahrweise mit dem Motorrad nicht zu beeinträchtigen. Getränke und meine selbst zusammengemischte „Kraftnahrung" aus Haferflocken, Nüssen, Apfelstücken, Rosinen und Rohrzucker sollten meine Gesundheit erhalten. Ich wäre ein Wanderer durch die Wüste, der durch die Fortbewegung mit einem Krad unterstützt würde. Als die Vorbereitungen erledigt waren, suchte ich Leute auf, die solche Touren für Motorradtouristen aus aller Welt anboten. Mir wurde empfohlen von der Ortschaft De Aar in Südafrika aus zu starten.

Erreichen könnte ich diesen Ort mit der Eisenbahn, die das Krad preisgünstig transportieren würde. De Aar liegt südwestlich von Durban, also fast im Zentrum von Südafrika.

Die Weiterfahrt nach Namibia verlief auf ausgebauten Straßen. Namibia ist eine Wüstenlandschaft, wie mir aus eigener Erfahrung bestens bekannt war. In Namibia sollte man immer einen Behälter für Benzin mitführen, da die Ortschaften oft weit voneinander getrennt liegen und es dazwischen keine Tankmöglichkeiten gab.

Im Oktober 1996 startete ich meine Tour mit der Eisenbahn um 17.30 Uhr. Meine Tochter und Freunde verabschiedeten mich. In De Aar wollte ich am nächsten Tag um 17.30 Uhr sein. Gebucht hatte ich für die Erste Klasse mit Bett und Verpflegung. Es war ein Abteil für zwei Personen. Mein Mitfahrer war ein älterer weißer Fahrgast, der seine Kinder in Durban besucht hatte und mit der Bahn nach Hause fuhr. Der Afrikaaner besaß nicht weit von De Aar eine Rinderfarm und wir konnten uns beide in der englischen Sprache unterhalten. Nach einem guten Abendessen baute ein Bahnangestellter die Betten auf. Der Farmer packte eine große Flasche selbstgemachten Schnaps mit einem Alkoholwert von über 80 % aus und wir tranken etwas und unterhielten uns dabei in seiner Landessprache „Afrikaans" fröhlich weiter. Am nächsten Morgen hatte ich keinen dicken Kopf, sondern sehr gut geschlafen. Dies war schon bemerkenswert nach der Menge konsumierten Alkohols. Bei der Herstellung dieser edlen Tropfen würden keine Chemikalien verwendet, erklärte der Afrikaner mir. Die Afrikaner hatten vielleicht diese Braukunst von den Schwarzen übernommen.

In De Aar übernachtete ich in dem mir empfohlenen Hotel und informierte meine Kinder telefonisch, dass ich die Tour begann. Die Straße war zum Glück nicht stark befahren. Das Motorradfahren war kein Problem für mich und nur kleine Unsicherheiten tauchten anfangs auf, da meine letzte Fahrt mit einem Krad etwas länger her war. Am Nachmittag, nach über 400 km, erreichte ich die Ortschaft Upington. In der Stadt wurde das jährliche Winzerfest gefeiert und alles war durch Touristen voll belegt, so wie bei uns in Deutschland nach der Weinlese.

Upington kannte ich von früher gut. Sie ist mit fast 40 Grad Celsius die heißeste Kleinstadt in Südafrika und liegt am Oranje Fluss, der weiter im Westen den Grenzfluss nach Namibia bildet und dort in den Atlantischen Ozean mündet. Auf einem Streifen von ca.

über 100 m wurde an der rechten und linken Fluss-seite Wein, Obst und Gemüse angebaut. Von dort stammt der bekannte Sherry und Dessertwein. Die weite ländliche Umgebung wies einen gebirgigen Wüstencharakter auf.

Von meinen Freunden Cliff und Sarah wurde ich freudig in ihrem „Paradies", einem großen Anwesen am Fluss, aufgenommen und verbrachte dort zwei Tage. Meine Weiterfahrt führte zum Grenzübergang nach Namibia und auf einer Abkürzung durch eine flache Wüstengegend zum Camp Ai-Ais. Ich fuhr auf einer Sandstraße, die nur selten befahren wurde und dies erforderte hohe Konzentration. Trotz meiner Vorsicht stürzte ich einmal. Das Camp Ai-Ais ist mit Ferienhäusern, Thermalbad, Campingplatz und Freibad hervorragend ausgestattet. Das Schwimm-bad lag etwas abseits der Ferienhäuser und grenzte an den Campingplatz. Ich baute mein kleines Zelt auf und war froh, mir bei dieser großen Hitze im Schwimmbad bei Tag und auch in der Nacht eine wunderbare Abkühlung genehmigen zu können.

Die Hauptattraktion für Touristen im südlichen Be-reich von Namibia ist der Fish River Canyon. Am nächsten Tag fuhr ich nach Hobas und genoss von der Aussichtsplattform den unglaublichen Blick in den Canyon. Die Strecke konnte auch in vier bis fünf

Tagen von Hobas im Norden bis Ai-As im Süden liegend am Fluss entlang erwandert werden.

Am Fluss befanden sich ideale Bademöglichkeiten und für den Abstieg bräuchte man etwa eine Stunde, für den Aufstieg allerdings zwei bis drei Stunden. Bei rund 40 Grad Celsius wäre das sehr anstrengend und eine Kopfbedeckung unbedingt erforderlich. Trinkwasser dürfte auf keinen Fall vergessen werden. Man sollte den Aufstieg am besten in die Nachmittagsstunden verlegen, da zu dieser Zeit ein leichter Wind weht, der etwas Abkühlung bietet. Die Rückfahrt nach Ai-Ais verlief nicht so glimpflich. Auf der Schotterstraße überschlug ich mich in einer steilen Kurve mit meiner Maschine. Gott sei Dank trug ich nur leichte Schürfwunden davon. Die Geländemaschine überstand den Sturz schadlos. Bei der weiteren Fahrt durch Namibia und der späteren Rückfahrt durch Südafrika stürzte ich nicht mehr. Mein Lehrgeld hatte ich also gezahlt und war mit dem Motorrad, wie man so sagt, ins Reine gekommen.

In den Abendstunden des folgenden Tages fuhr ich von Ai-Ais nach Keetmanshop und erreichte gegen 21.00 Uhr Hardapdam bei Mariental. Auf dem Zeltplatz mit allen erforderlichen sanitären Einrichtungen hatte ich gut geschlafen und in den späten Morgenstunden machte ich mich auf den Weg zum Windhoek Campingplatz. Der nächste Tag war für eine Fahrt nach Windhoek Stadt und einem Stadtbummel vorgesehen. Der Spaziergang durch die Stadt weckte Erinnerungen an meine ereignisreiche Zeit dort. Danach verbrachte ich die Abendstunden in Gesellschaft deutscher Touristen auf dem Campingplatz.

Als nächstes stand Waterberg auf meinem Programm. Die Fahrgeschwindigkeit wurde nur durch einen starken Gegenwind beeinflusst und dauerte etwas länger. Das Camp Waterberg lag unmittelbar am Fluss des Berges, der in seiner Erscheinung einem Tafelberg gleicht. Die Unterkünfte für Touristen sowie Kiosk, Campingplatz und Freibad befanden sich verstreut auf dem Gelände. Für mich bedeutete der Waterberg im Norden Namibias und seine ländliche Umgebung Neuland, da ich damals in dieser Gegend nie einen Ermittlungsauftrag erhielt. Für zwei Tage mietete ich mir dort eine Unterkunft mit Dusche. Mein kleines Zelt konnte ich bei der Schräglage des Campingplatzes schlecht aufbauen.

In der Kolonialzeit gab es in der Gegend Überfälle durch den Volksstamm der Hereros auf deutsche Farmen. Um 1904 konnte dieser kriegerische Stamm von deutschen Schutztruppen gestellt werden, wobei

80 % der Hereros ihr Leben ließen. Der Bundesrepublik Deutschland bereitete diese geschichtliche Begebenheit einige Kopfschmerzen. Die Hereros bezeichneten diese Schlacht als Völkermord und verlangten von der Bundesrepublik Deutschland Entschädigungszahlungen, darum auch die Kopfschmerzen. Ich besichtigte den Platz der Kampfhandlungen und die Grabstätten der gefallenen Soldaten.

Die Plattform des Tafelberges durfte nur mit einem Tourenfahrzeug der dort ansässigen Firma, die auch die Transportgenehmigung für Touristen besaß, befahren werden. Die Tierwelt, u.a. Nashörner, durfte nicht gestört werden, da sie eine Gefahr für den Menschen sind. Ich stieg zu Fuß auf die Plattform hoch, entdeckte aber leider kein Nashorn. Der Waterberg mit seinem grünen Herz wurde an den Wochenenden von den einheimischen Campern, meist aus Windhoek, vermehrt besucht. Ich wollte den Bereich nochmals genauer erkunden, wenn ich den Berg wieder besuchen würde.

Meine ursprüngliche Aktion Richtung Westen hatte diesmal Vorrang. Was ich suchte, besaß einen enormen finanziellen Wert, der mir weitere Wünsche erfüllen sollte. Zeitig verließ ich das Camp, gelangte über die Ortschaft Otjewarongo zum kleinen Ort

Outjo, der das Tor zum Etosha Nationalpark sein soll. Eine Nebenroute, die fast genau in westlicher Richtung verlief, brachte mich nach Khorixas zum nächsten Camp. Die Landschaft hatte sich verändert und Wüstencharakter angenommen. Das Camp war mit seinen kleinen Unterkünften, dem Schwimmbad und Campingplatz sehr schön angelegt. Leider störten in der Nacht die lauten Geräusche der Klimaanlagen. Etwas verschlafen begab ich mich deshalb am nächsten Morgen Richtung Brandberg. Die Fahrt war anstrengend bei der großen Hitze. Leider brach die Halterung vom Benzintank am Motorrad. Ich erreichte das Camp Uis erst bei Einbruch der Dunkelheit. Ich buchte mir eine feste Unterkunft, trank einige Gläschen Brandy Coke und nach einer heißen und kalten Dusche fiel ich ins Bett und wachte erst am nächsten Tag gegen 10.00 Uhr auf. Das Suchen nach der versteckten „Wertanlage" war mir in dieser Gegend mit der defekten Geländemaschine leider nicht mehr möglich. Für eine Reparatur in der Wüste fehlten die Werkzeuge und die notwendigen Fachleute. Enttäuscht begab ich mich auf den Weg nach Swakopmund. Auf der unebenen Sandstraße kam ich nur langsam vorwärts und musste dabei die mit Kraftband dürftig verbundene Tankhalterung ständig kontrollieren oder erneuern. Nach 100 km wurde die Straße besser und ich konnte etwas schneller fahren. Am späten Nachmittag erreichte ich erst die Stadt.

Da ich keine Freunde oder Bekannte belästigen wollte, quartierte ich mich bei der Stadtverwaltung ein, die zu günstigen Preisen Unterkünfte vermietete. Am nächsten Tag suchte ich die Firma Salt Companie auf, bei der ich früher als Sprengmeister gearbeitet hatte. Der Chef und seine Mitarbeiter erkannten mich nach der langen Zeit meiner Abwesenheit sofort wieder und begrüßten mich erfreut. Meine überstürzte Rückkehr nach Deutschland mit Familie war ihnen bekannt. Überrascht nahmen sie auf, dass mein aktives Arbeitsleben beendet und ich aufgrund der Zechenschließungen in den Ruhestand getreten war. Ich erzählte, dass es nun mein Bestreben wäre, mich als Rentner durch Reisen im südlichen Afrika zu beschäftigen und auch meinen Kindern und Enkelkindern helfend zur Seite stehen wollte. Ich verlebte einige schöne Tage bei meinen ehemaligen Arbeitskollegen, während mein Motorrad umgehend fachgerecht repariert wurde.

Anschließend wurde ich von ihnen „weitergereicht" in die Hauptstadt Windhoek. „Weitergereicht" war eine positive Bezeichnung für Freunde, denen man etwas Gutes bieten wollte. Einer dieser Freunde, den ich von früher gut kannte und der damals als Bar-

mann arbeitete, war nun als verantwortlicher Bier-
brauer in der größten Brauerei von Namibia mit
Hauptsitz in Windhoek angestellt. Er lud mich zu
einer Brauereibesichtigung ein und ich erlebte einen
interessanten Tag, bei dem er mich über den Arbeits-
ablauf zur Herstellung des berühmten Bieres informierte. Das Bier wurde nach der deutschen Rein-
heitsverordnung produziert und enthielt keine che-
mischen Hilfsmittel, die ja bei der Herstellung nicht
erlaubt sind. Für die weitere Rückfahrt nach Durban
hatte ich mehrere Besuche bei Freunden und interessante Besichtigungen vorgesehen. Meine erste Station war der Augrabies Fall National Park ca. 100 km
westlich von Uptington. Dieser Wasserfall vom 200
m breiten Oranje Fluss stürzt ca. 60 m mit großer
Gewalt in die Tiefe. Die Buschleute nennen diesen
Wasserfall „Ort des tosenden Lärms". Von einer er-
höhten Plattform aus konnte ich den gewaltigen
Vorgang beobachten. Nach der Besichtigung des
Umfeldes übernachtete ich auf dem Campingplatz in
meinem Zelt und am nächsten Tag machte ich mich
auf den Weg zu Freunden auf einer Farm bei der
Ortschaft Groblershoop. Schon seit Tagen bekam ich
leichte Kopfschmerzen in den Abendstunden. Als ich
ihnen davon erzählte und den Motorradsturz bei Ai-
Ais erwähnte, reagierten sie besorgt. Sie unterbreite-
ten mir den Vorschlag, das Motorrad bei ihnen abzu-

stellen und mit dem Zug nach Johannesburg zu fahren, um dort mit John einen Facharzt aufzusuchen. John sollte mich am Bahnhof abholen und alles Weitere organisieren.

Wie besprochen, so getan!

Übrigens: Mein Motorrad holte ich erst einige Jahre später mit meinem Sohn ab, das Versteck meiner „Wertanlage" fand ich nicht mehr, da sich die Wüste mittlerweile sehr verändert hatte.

In Johannesburg brachte John mich zum Arzt, der keine Ursache für meine Kopfschmerzen fand. Er schickte mich deshalb zu einem Neurologen in Durban. Mit dem Bus fuhr ich nach Durban, obwohl John mich gewarnt hatte den Bus zu nehmen. Mit der Eisenbahn dauere die Fahrt etwas länger, aber sie gäbe den Passagieren die Sicherheit, das Ziel unbeschadet zu erreichen. Ich wollte aber während der Busfahrt die Landschaft und die damit übertragene Ruhe genießen. Leider entpuppte sich die Fahrt als keine erholsame Angelegenheit. Ich hätte besser auf John gehört!

Nach dem Regierungswechsel etwa zwei Jahren zuvor wurden die weißen Arbeitnehmer auch in den Verkehrsbetrieben gegen Schwarze ausgetauscht. Dieser Wechsel entwickelte sich auf den Fernstraßen zur Verkehrskatastrophe. Die eingesetzten Busfahrer ohne jegliche Fahrpraxis fuhren einen mit Menschen vollbesetzten Bus auf den verkehrsreichen, steilen Fernstraßen mit den vielen Kurven völlig unsicher. Während meiner Fahrt beobachtete ich Situationen, die knapp vor einem Unfall standen. Zum Glück erreichten wir das Ziel unfallfrei. Meine Kopfschmerzen hatten sich allerdings nicht gebessert. Aber auch der Neurologe konnte mir nicht weiterhelfen. Zu meinem Leid hatten sich die Schmerzen sogar noch verstärkt, so dass ich nachts kaum mehr schlafen konnte. Deshalb entschloss ich mich, einen Rückflug nach Deutschland, in der Hoffnung dort Hilfe zu erhalten, zu buchen. Meinem Sohn, dem ich meine Rückkehr aus Südafrika angekündigt hatte, holte mich vom Flugplatz Düsseldorf ab und am folgenden Tag suchte ich ohne Termin meinen Hausarzt auf. Ich teilte ihm mit, dass der Anlass für meine Schmerzen mein Motorradsturz sein könnte und er verschrieb mir Schmerztabletten, die ich unbedingt einnehmen sollte. Die Tabletten brachten jedoch keine Besserung. Nach drei Tagen sollte ich deshalb wieder kommen, damit ein Blutbild erstellt werden konnte. Zwei Tage nach der Blutabnahme erhielt ich eine Überweisung zum Radiologen. Ein CT brachte ebenfalls keine neuen Erkenntnisse. Meine Arztodyssee führte mich weiter zum Klinikum Aachen. Dieses

Gebäude wirkte auf mich eher wie ein Hotel mit Restaurants und Geschäften, die großzügig angelegt waren, da auch der typische Krankenhausgeruch fehlte. Nach der Untersuchung dort überreichte mir eine junge Ärztin einen verschlossenen Umschlag, den ich meinem Hausarzt übergeben sollte. Dieser würde mir mitteilen, was vorläge. Ich wäre entlassen und könnte den Heimweg antreten.

Am nächsten Tag erfuhr ich vom Hausarzt, dass es weiterhin keinen Anhaltspunkt für die Kopfschmerzen gäbe. Deprimiert verließ ich die Praxis. Auf dem Heimweg kam ich am Massagestudio in Heinsberg vorbei, in dem ich vor meinem Südafrikaaufenthalt einmal in der Woche eine Rückenmassage erhielt. Ich erklärte dem Masseur meine Lage und er hatte die Zeit, mich sofort zu massieren. Kurz darauf fühlte ich mich wie in einer anderen Welt, meine Kopfschmerzen waren verschwunden und ich war schmerzfrei. Ich fand kaum die richtigen Worte um mich zu bedanken. Nicht weit vom Massagestudio entfernt befindet das bekannte Hotel Corsten und ich beschloss, dort kurz bei meinem Bekannten Ben vorbeizuschauen. Mein Sohn stellte ihn mir vor ein paar Jahren bei einer Feier vor und ich war beeindruckt von seinem natürlichen, netten Verhalten. Bei meinen wöchentlichen Einkäufen in Heinsberg suchte ich auch immer das Hotel auf, in dem Ben in den Nachmittagsstunden die Gäste an der Bar bediente. Wir unterhielten uns oft angeregt über die sozialen Fragen, die auf dieser Welt bestehen. Er ist ein ehemaliger amerikanischer Soldat der Frühwarnflotte AWACS vom Flugplatz Teveren und heiratete die Besitzerin des Hotels. Beide richteten es modern aus und es entwickelte sich zu einem der führenden Hotels im Raum Heinsberg. Ben besitzt meiner Meinung nach die richtige Art mit Menschen umzugehen und ist deshalb so erfolgreich in seiner Tätigkeit. Ich bin der Auffassung, dass er mit seiner Einstellung über Gerechtigkeit und seiner Überzeugungskraft die richtige Person für viele Länder in Afrika wäre. Als Schwarzer würde er dort für die Schwarze Bevölkerung als ein Vorbild dienen, dem man glaubte anstatt zu misstrauen.

4. Zeit für eine weitere Veränderung

Nachdem ich wieder klar Denken konnte, machte ich mir Gedanken über einen Ortswechsel. Die Kinder richteten ihr eigenes Leben ein. Ich war alleine im Haus. Als ein Bekannter mir von einem Immobilienhändler erzählte, der gute und preiswerte Schätzungen für Häuser erstellte, vereinbarte ich einen Termin. Mein Haus wurde begutachtet und sein Wert geschätzt. In den folgenden Wochen führte er Interessenten zur Besichtigung herum. Schnell hatte ich den richtigen Käufer gefunden und nach zwei Monaten war mein Haus zu einem guten Preis verkauft.

Eine andere Eigentumswohnung hatte ich bereits in Hückelhoven gefunden und dort wollte ich meine Möbel unterstellen. Als Käufer der Wohnung gab ich meinen Sohn an. Er sollte mir zeigen, dass er Verantwortung übernehmen und ein ruhigeres Leben als ich führen könnte. Die Anzahlung und auch weitere Zahlungen übernahm ich.

Das Jahr neigte sich dem Ende zu und ich machte mich bereit, mir einen zweiten Wohnsitz in Südafrika einzurichten, um dort die Sonne zu genießen. Als erstes kam ich bei meiner Tochter in ihrer Wohnung unter und konnte in Ruhe nach einer eigenen Bleibe suchen.

In Durban lernte ich bei meinen täglichen Wanderungen am Strand einen ehemaligen Polizisten kennen, der vor einigen Jahren im gehobenen Polizeidienst in der Stadt tätig gewesen war. In seinen jungen Jahren erzählte Harry mir, war er als Polizist im heutigen Namibia eingesetzt. Damals war er von der deutschen Bevölkerung sehr beeindruckt. Nun war er so wie ich ein Rentner und wir beide wanderten täglich außer an den Wochenenden gemeinsam etwa fünf km durch den weichen und trockenen Sand, bei Ebbe und bei Flut durch den nassen und festen Sand. Bei Ebbe war es oft sehr anstrengend, weshalb wir Wasser und Kraftschokolade, die es in Afrika zu kaufen gab, mitnahmen. Mit seiner Frau wohnte er in einem Hochhaus auf der zwölften Etage, eine Etage der „Auserwählten". Sie hatten eine fantastische Aussicht auf den Indischen Ozean bei Sonnenaufgang und in den Abendstunden konnten sie den Sonnenuntergang bei einem guten Glas Wein genießen.

Marcelle bewohnte im gleichen Hochhaus auf der vierten Etage eine Wohnung. Meine „Ferienunterkunft" wäre viel zu eingeschränkt, gab Harry mir zu verstehen. Ich sollte mir besser eine eigene suchen. Eine gute Bekannte verlasse aus Altersgründen Durban und zöge nach Cape Town zu ihrer Tochter. Ihre

Wohnung stünde gerade zum Verkauf. Zwei Tage später hatte ich die Wohnung besichtigt und gekauft. Das Hochhaus war, nur durch einen Park dazwischen, 500 m von der Wohnung meiner Tochter und 100 m vom Strand entfernt. Die neue Wohnung lag auf der achten Etage mit Blick zum Park und dem Indischen Ozean. Sie bestand aus einem großen Wohnzimmer, einem Schlafzimmer, einer Küche, einem Bad und einem großen Balkon mit eingebauten Schiebefenstern.

Bei einem Treffen mit Juanita, meiner geschiedenen Frau, lernte ich auch ihren neuen Gefährten Garry kennen. Er zeigte mir eine Zeitungsannonce über den Verkauf eines Toyota Geländewagens in Johannesburg. Er hätte bereits mit der Verkäuferin telefonisch Verbindung aufgenommen, einer türkischen Frau, deren Ehemann erst vor einigen Wochen verstorben war. Seinen Jahreswagen wollte sie verkaufen.

Garry machte einen gepflegten Eindruck auf mich. Er lebte bei seinen Eltern in Durban North. Seine Leidenschaft war der Indische Ozean. Als gelernter Techniker war er einige Jahre auf einem Fischerboot als Steuermann beschäftigt. Momentan arbeitete er in einer Maschinenfabrik, aber nur, wenn Aufträge vorlagen. In der anderen Zeit verkaufte er gebrauchte

Autos, die er in Johannesburg günstig einkaufte um sie in Durban gewinnbringend zu veräußern. Autos aus dem Inland hatten aufgrund der Witterung in Afrika selten Rostschäden und waren deshalb sehr gefragt. Juanitas Schwester, die mit einem Autoverkäufer aus Durban verheiratet war, versicherte mir später, dass Garry ein guter Autoverkäufer war. Ich entschied, das Fahrzeug zu erwerben und wurde nicht enttäuscht. Es fuhr mich einige Jahre durch das südliche Afrika.

Manchmal lud Marcelle mich zum Abendessen ins Café Fish ein. Dieses Restaurant befand sich im Yachthafen von Durban, direkt an der Wasserseite zwischen den vor Anker liegenden Segelbooten. Aus einiger Entfernung betrachtet, hätte man es auch als einen Ausflugsdampfer einschätzen können. Das Lokal war eine außergewöhnliche Erscheinung, da es aus Stahlelementen gebaut und von großen Glasscheiben umrandet war. Es verteilte sich über zwei Etagen. Im unteren Bereich bot es Platz für 150 Gäste und auf der zweiten Etage konnten über 100 Gäste bedient werden. Inhaberin dieser auffallenden Anlage war die beste Freundin meiner Tochter. Diese kam aus einer reichen Familie und das Restaurant bedeutete für sie nur eine Beschäftigungsmöglichkeit, um den Tag sinnvoll zu verbringen. Ihr Ehemann besaß in Südafrika ein Großunternehmen, dass Millionenbeträge erwirtschaftete. Er wünschte, dass seine Ehefrau sich in naher Zukunft vermehrt mit den heranwachsenden Töchtern beschäftigte. Deshalb wurde Marcelle die Partnerschaft für Café Fish für einen Geldbetrag angeboten. Da ich in Deutschland mein Haus verkauft hatte, konnte ich Marcelle dabei finanziell unterstützen. Nach etwa einer Woche war das Geschäft abgeschlossen und meine Tochter die neue Managerin und Mitbesitzerin von Café Fish. Sehr schnell vergrößerte Marcelle ihre morgendliche Kundschaft, die im Bereich des Cafés ihre Boote liegen hatten. Sie erreichte, dass die Leute vor dem Auslaufen erst einen Kaffee bei ihr tranken und ein Schwätzchen hielten. Mit einem Bootsbesitzer, der mit einer deutschen Frau verheiratet war, konnte sich Marcelle in Deutsch unterhalten. Er unterbreitete ihr ein Angebot: Mit seinem Boot böte er Fahrten an und anschließend möchte er gerne mit seinen Gästen im Café gemütlich essen und trinken. Die Teilnehmerzahl der Gäste könnte er ihr beim morgendlichen Kaffeetrinken mitteilen. Er verdiene gutes Geld, so dass er seinem Beruf als Versicherungsvertreter nicht mehr nachgehen bräuchte und von diesem Verdienst auch seine dreiköpfige Bootsmannschaft bezahlen könnte. Ganz begeistert erzählte mir Marcelle davon und ich begann mir eigene

Gedanken zu machen. Ich bin kein „Wassermann",
war aber damals mit meinem Paddelboot im Rah-
men von Ermittlungen im Hafenbereich herumge-
schippert. Mein kleines Segelboot hatte ich allerdings
im Atlantik bei Swakopmund verloren. Ich verließ
das Café, stieg in meinen neuen Geländewagen und
suchte Juanitas Freund Garry in Durban North auf.
Die beiden hatten sich mittlerweile ein kleines Haus
gemietet und waren dabei einen Kunsthandel mit
selbstgemalten Bildern zu verwirklichen. Ihr Bruder
Liege war auch eingezogen und wollte dieses Vorhaben unterstützen. Beide besaßen das Talent, Landschaften und Tiere auf unterschiedlichen Unterlagen,
wie Holz, Stoff oder Papier künstlerisch darzustellen.
Garry verfügte über das Können, Autos zu verkaufen und auf dem Meer Fische zu fangen.

Ich berichtete Garry, dass ein Bootsbesitzer, der Touristen mit seinem Boot die Küste von Durban zeigte,
gutes Geld verdiente. Sofort sprang er auf und sagte,
ich sollte mitkommen, er müsste mir etwas zeigen.
Wir fuhren mit seinem Auto zu einer Tankstelle, die
auch Autos verkaufte. Etwas abseits stand auf einem
Trailer ein großes Motorboot. Dies wäre ein Katamaran, also ein Zweirumpfboot, erklärte mir Garry und
die zwei Rümpfe wären miteinander verbunden.
Dadurch hätte es eine geringe Wassertiefe und auch

einen geringen Strömungswiderstand. Mit zwei Außenbordmotoren am Heck erreichte man eine hohe Geschwindigkeit. Zum Fischfang könnte das Boot bis zu acht Personen aufnehmen. In dem geschlossenen Aufbau hätten sechs Personen Platz zum Übernachten. Auf einem fahrbaren Trailer würde ein Geländewagen es problemlos ziehen können. Vom Wasserrand des Strandes ließe man den Katamaran ins Meer und er könnte sofort schwimmen. Nach einem Arbeitseinsatz zöge man ihn mit einer Winde, die am Geländewagen angebracht wäre, auf den Trailer. Um das Boot zu steuern, benötige man den internationalen Bootsführerschein. Die Ausbildung dafür dauere etwa vier Wochen und fände in Durban statt. Mit diesem Boot könnten wir in Mosambik viel Geld verdienen. Am Limpopo Fluss läge die Ortschaft Xai-Xai und einige Kilometer entfernt münde er in den Indischen Ozean. Und dort kenne er die Shongweni Lodge. Der Besitzer vermiete ein Wohnhaus mit Anlegesteg. Auch die Fischgründe kenne er und die Ortschaft böte einen guten Absatzmarkt für den gefangenen Fisch. Abnehmer wären indische Händler, die den Fisch in Südafrika verkauften. Vom Boot und seinem Einsatz in Mosambik war ich positiv angetan. Garry nannte mir den Verkaufspreis, den Namen und die Wohnanschrift des Verkäufers. Ich erklärte Garry, um das Boot zu kaufen, müsste ich mir vorher

Geld von meiner Bank aus Deutschland überweisen lassen. Im Hinterkopf hatte ich den Gedanken, mein Strandbegleiter Harry könnte mir Informationen über Garry und dem Verkäufer verschaffen.

Lieber sicher gehen!

Bei der nächsten Wanderung erzählte ich Harry davon und bereits am nächsten Tag überbrachte er mir eine positive Auskunft. Bei Garry läge keine Eintragung vor und der Verkäufer wäre eine unbescholtene Person, die aus Altersgründen ihr Boot veräußere. Die Mosambikgeschichte beurteilte er so: „Hier würde ich auch einsteigen."

Ich kaufte den Katamaran und eine Woche später, verlegte ich mit Boot und Mannschaft den Wohn- und Arbeitsplatz nach Xai-Xai in Mosambik. Als Crew heuerte ich folgende Personen an: Juanita als Hausfrau und zur Überwachung des Fischverkaufs, Garry als Verantwortlicher für Boot, Fischfang und als Steuermann. Angler auf dem Boot waren Liege, Garrys Vater und zwei Fischer aus Mosambik.

Ich taufte das Boot auf den Namen STORM. Garry war als sogenannter Seemann nicht begeistert von der neuen Namensgebung. Den ersten Namen eines Bootes sollte man beibehalten und eine Änderung würde schlechte Auswirkungen auf das Boot haben, meinte er.

Zwei Tage später musste ich bereits zurück nach Durban. Garry hatte mich als Teilnehmer zum Erwerb des internationalen Bootsführerscheines angemeldet. An den Wochenenden fuhr ich jeweils zum Fischfang nach Mosambik. Die Fahrstrecke betrug bei Hin- und Rückfahrt über 1400 km. Aber mein Auto bewährte sich bei diesen Fahrten. Es war so ausgebaut, dass man im hinteren Kastenteil übernachten konnte und ich brauchte nach der anstrengenden Hinfahrt eine Pause von einer Nacht und die verbrachte ich in der Hauptstadt Maputo mehrmals auf einem Campingplatz. Ich war begeistert von der portugiesischen Musik, der nicht belastenden Wärme und dem angenehmen Geruch, der sich von den vielen Pflanzen und Bäumen verbreitete.

Maputo ist sehr bekannt und berühmt. Als in Mosambik noch eine portugiesische Kolonialherrschaft regierte, hieß die Hauptstadt Lourenco Marques und war für die weißen Südafrikaner ein bevorzugter Urlaubsort. Für Besucher strahlte die Stadt eine wohlige Atmosphäre aus, die ich in den englisch geprägten Städten von Südafrika nicht finden konnte. Die Ortschaft Xai-Xai liegt etwa 200 km in nördlicher Richtung von Maputo entfernt. Sie ist die Hauptstadt der Provinz Gaze mit einer Stadtverwaltung, Märkten, Krankenhaus, Bank, Post und allen anderen wichtigen Einrichtungen einer Kleinstadt. Südlich besaß der Strand eine Breite von ca. 600 m und war trotz seiner Schönheit menschenleer. Die Limpopomündung ist zu einer Bucht ausgespült und ich wollte zur Abkühlung in das warme tropische Wasser springen, wurde aber zum Glück abgehalten. Ich erblickte in diesem Gewässer nach meiner Schätzung etwa zehn bis fünfzehn Haie. Das waren meine ersten Hammerhaie, die ich in Afrika sah.

Welch ein beeindruckender Anblick!

Nach meiner Rückkehr aus Mosambik entdeckte ich auf einer Strandwanderung bei Ebbe einmal einen jungen und kleinen Hai in einer Mulde, die mit Meerwasser gefüllt war. Diesen verstörten Fisch fing ich ein und schenkte ihm seine Freiheit in tiefem Meerwasser. Also hatte ich eine gute Tat vollbracht. In der letzten Zeit war es mein Bestreben, eine gewisse Dankbarkeit zu zeigen. Wem oder was gegenüber ich sie zeigen wollte, war mir aber noch nicht klar.

Auf dem Heimweg, noch am Strand, erlitt ich plötzlich einen Aussetzer. Diese Bewusstseinsstörung erschreckte mich total, aber ich konnte sofort wieder klar denken. Vor meiner Wohnungstür hatte ich wieder einen kurzzeitigen Blackout. Schnell rannte ich zu Marcelles neuer Wohnung, die nach ihrem Umzug nur eine Etage über meiner lag. Sie öffnete sofort auf mein Anklopfen. Ich versuchte ihr zu erklären, was ich gerade erlebt hatte. Marcelle reagierte ganz aufgeregt: „Daddy, du hast Malaria, wir müssen sofort zum Arzt."

Genau gegenüber befand sich ein modernes Arztzentrum mit allen erforderlichen Einrichtungen. Nach einer kurzen Wartezeit berichtete Marcelle dem Arzt, dass ich die letzten Wochenenden beruflich in Mosambik war und soeben in Durban bei einer Strandwanderung Aussetzer erlebt hätte. Sie vermute, ich hätte Malaria. Der Arzt nahm mir Blut ab und wir wollten zunächst warten, bis das Labor die Blutprobe ausgewertet hatte. Ich wollte aber unbedingt so schnell wie möglich zurück in meine Wohnung, um mich etwas hinzulegen, da ich mich immer schlechter fühlte. Da kam aber schon der Arzt und meinte besorgt, ich hätte Malaria Tropica, die gefährlichste Form der Malaria. Schnelles Handeln wäre erforderlich, denn diese Tropenkrankheit könnte innerhalb weniger Tage zum Tode führen. Die beste und sicherste Möglichkeit wäre eine Pflege zu Hause, wenn ich dort eine Woche Tag und Nacht betreut werden könnte. Sehr wichtig wäre die Einnahme der Medikamente. Sollten Probleme auftreten, müsste ich sofort bei ihm oder dem Kranken-haus anrufen.

Marcelle erklärte sich bereit meine Pflege zu über-nehmen und Sharon, ihre Freundin, wollte sie dabei unterstützen. Vom Arzt bekam sie alle Medikamente und von Marcelle gestützt wankte ich nach Hause. Dort packte sie mich umgehend ins Bett und die Tab-letten, die ich noch unter der Aufsicht des Arztes eingenommen hatte, versetzten mich in eine andere Welt. Nach Aussage von Marcelle und Sharon schlief ich immer tief und sie mussten mich jedes Mal we-cken, damit ich die Tabletten einnahm.

Mein sogenanntes „Jenseitserlebnis" musste etwa am fünften Tag stattgefunden haben. Ich betrachtete meinen halb zugedeckten Körper auf dem Bett. Au-gen und Mund waren verschlossen. Ich schwebte über meinem Körper und empfand ein ausgeprägtes Glücksgefühl, nicht mehr in diesem Körper zu ste-cken. Umgeben war ich von einer wohligen Wärme und einem sanften, hellen Licht. Viele wohlklingen-de Stimmen waren zu hören und dazu eine ange-nehme Musik. Plötzlich sagte eine Stimme: „Walter du musst zurück in deinen Körper." Ich wollte nicht mehr in diesen Körper und sah mit Entsetzen auf ihn hinunter. In den Morgenstunden wachte ich auf und mein Zustand hatte sich enorm gebessert. Vielleicht hatte mir dieser außergewöhnliche Traum, den ich noch in meinen Kopf hatte, geholfen, dachte ich. Nein, das war kein Traum, es war für mich real, eine Tatsache, die sich in meinem Bewusstsein festgesetzt hatte. Ich stand auf, badete und war dabei die Bettwäsche zu wechseln, als meine Tochter und Sharon meine Wohnung betraten. Beide staunten sehr über meine Tätigkeit. Ich wäre wieder gesund, war meine kurze Erklärung und ich bedankte mich vielmals für ihre Hilfe. Mein Erlebnis teilte ich ihnen aber nicht mit. Auch dem Arzt, der ebenso erstaunt meinen guten Gesundheitszustand bestätigte, gab ich keinen Hinweis. Dieses sogenannte Jenseitserlebnis veränderte mein Leben. Ich hatte keine Bedenken mehr Krankheiten betreffend oder Angst vor dem Sterben.

In der Zwischenzeit hatte ich Post bekommen. Mir wurde mitgeteilt, dass ich die schriftliche Prüfung für den Bootsführerschein bestanden hatte. Ich erlebte eine Glückssträhne und diese war noch nicht zu Ende. Sharon schenkte mir einen Kurzurlaub, um mich zu erholen. Sie war eine verantwortliche Führungskraft für mehrere Hotels und Ferieneinrichtungen in der Provinz Natal und konnte somit solche Entscheidungen rechtfertigen. Zwei Tage später suchte ich eines der Hotels auf und baute meine Kondition Stück für Stück auf. In dem Hotel traf ich

auf drei Gäste, die sich für die Besteigung des Kilimandscharo vorbereiteten. Ich hörte interessiert zu
und war absolut begeistert von diesem Vorhaben.

Ich fühlte mich bereit für eine neue

Herausforderung!

5. Der Kilimandscharo

5895 m

Kilimandscharo,

der höchste Berg Afrikas.

Zurück in Durban ging ich zu einem Reisebüro um Antworten auf meine vielen Fragen zur Besteigung des Kilimandscharos zu erhalten. Nach ausführlichen Informationen verkaufte man mir dort recht preisgünstig eine geführte Tour auf den Kilimandscharo.

Auf dem Flug von Durban nach Johannesburg fiel mir auf, dass das fliegende Personal nur aus männlichen Schwarzen bestand, was zu dieser Zeit noch ungewöhnlich war. Deren Einweisung zum Flug und der Service waren ausgezeichnet. Von dort flog ich weiter nach Tansania. Vom Flughafen Arusha wurde ich abgeholt und im Hotel Keys in der Ortschaft Moshi abgesetzt. Das Hotel war ausgestattet mit einer Bar und einem Restaurant mit Garten und Pool. Die sauberen Zimmer hatten fließendes Wasser und Dusche. Ich konnte mich also wohlfühlen.

Die Teilnehmer für die Bergbesteigung kamen aus englischsprechenden Ländern wie, Australien, Neuseeland, England und Südafrika. In einem Vortrag erhielten wir die genauen Informationen über den gesamten Ablauf der Tour. Unser persönliches Gepäck wäre auf zwölf kg beschränkt. Im Rucksack solle sich ein Schlafsack, eine Isomatte und eine Feldflasche befinden. Je nach Wetterlage auch eine Regenjacke. Weitere benötigte Ausrüstung, wie Zelte, Matratzen und auch die Verpflegung trügen Träger den Berg hinauf. Ebenso unsere Kleidungsstücke, die bei großer Höhe als Kälteschutz notwendig würden, nähmen sie von allen in einem Seesack oder einer großen Tasche verpackt mit. Die Machame Route wäre der landschaftlich schönste Aufstieg, wenn auch anspruchsvoll. Auf dieser Tour würden Körper und Geist auf die Probe gestellt. Das Hauptproblem bestände in der Höhenkrankheit. Durch Medikamente könne man diesem Problem eventuell aus dem Wege gehen. Jeder Aufstieg würde durch erfahrene Bergführer betreut, die in Österreich ausgebildet wären. Einige hätten den Berg schon über hundertmal bestiegen. Am nächsten Tag würden wir nach einem guten Frühstück zum Gate gefahren. Dort träfen sich auch die Bergführer und Träger und letzte Organisationsfragen würden geklärt. Die Träger würden mit dem Gepäck das Gate vor dem allgemeinen Abmarsch verlassen, um in den Camps alles vorzubereiten. Am Gate begänne der Marsch durch den Regenwald. Die Teilnehmer könnten nun noch den

Bergführern bestehende Fragen stellen.

Mich sprach ein Teilnehmer an. Eine solche Berg-
wanderung wäre für ihn ein neues Erlebnis. Durch
mein Verhalten und an meiner Bekleidung hätte er
erkannt, dass ich mit Touren dieser Art Erfahrung
haben müsste. Es wäre schön, wenn ich ihn vielleicht
etwas unterstützen könnte. Er käme aus Australien,
sein Name wäre Paul Russell, er wäre verheiratet
und als Berufspilot bei einer australischen Fluggesellschaft beschäftigt. Ein Arbeitskollege hätte im
letzten Jahr an einer Besteigung teilgenommen und
empfahl ihm diese Tour. Paul war mir sofort sympa-
thisch, nahm meine Erklärungen gerne auf und passte sich auf dieser Tour schnell an. Durch Gespräche
mit Paul konnte ich sogar mein Englisch verbessern.

Nach einem Aufenthalt von über zwei Stunden verließen wir das Gate und es folgte eine fünfstündige
Wanderung durch den feuchten Regenwald. In
knapp 3000 m Höhe trafen wir im Machame Camp
(2835 m) ein. Am nächsten Tag starteten wir die
zweite Etappe zum Shira Camp in 3750 m Höhe. Bereits nach drei Stunden hatten wir es bei sehr schönem Wetter erreicht. Der Weg dorthin war an man-
chen Stellen steil und wir mussten beim Weiterstei-
gen die Hände einsetzen. Das Klettern stellte für
mich eine angenehme Abwechslung dar. Das Camp

hatte eine schöne Lage und man konnte von dort aus die Gipfel des Kilimandscharos gut erkennen.

Vom Shira Camp ging es weiter zum Barranco Camp. Dieser Anstieg war etwas flacher, aber mit Lavabrocken bedeckt. Nach etwa drei Stunden trafen wir auf ein ebenes Gesteinsfeld, Lava Tower genannt. Hier sollten wir eine Höhe von 4600 m erreicht haben. Bei dieser Höhe könnten bei uns Teilnehmern die ersten Symptome von Höhenkrankheit, wie Kopfschmerzen auftreten. Nach der Mittagspause ging es dann bergab über loses Lavagestein und wir erreichten in den Nachmittagsstunden das Barranco Camp. Uns wurde erklärt, wir hätten auf dieser Strecke eine Akklimatisierung durchlaufen, da wir von 4600 m bei 3900 m ankamen. Auf der gesamten Tour passierten wir insgesamt fünf verschiedene Klimazonen mit unterschiedlichen Höhenprofilen.

Vom Barranco Camp aus bestiegen wir die „Breakfast Wall", die steile Barrancowand, die man über felsige, schmale Serpentinen erreichte. Teilweise mussten wir dabei die Hände einsetzen. Nach einem stetigen Auf und Ab erreichten wir das tiefer gelegene Karanga Valley Camp (3395 m) und legten eine Pause ein. Dann folgte der Anstieg zum Barafu Camp auf 4673 m Höhe, die Ausgangsbasis für die Gipfeltour. Vor dem Abmarsch ruhten wir uns aus, tranken viel Tee und aßen nur Kekse. Für diesen harten Anstieg bei großer Kälte zogen wir die warme Kleidung an.

Um Mitternacht begann die Tour und bei Sonnenaufgang erreichten wir den Gipfel. Der Anstieg führte über gefrorene Geröllfelder in gleichmäßigen und langsamen Schritten. Dies war wichtig, damit der Körper sich an die Höhe gewöhnen konnte. Die Einheimischen bezeichnen diese Schrittgeschwindigkeit als „pole-pole" (langsam-langsam). Des Öfteren legten wir eine kurze Ruhepause ein. Und dann war Stella Point (5740 m) erreicht, der Kraterrand des Berges, der schon als Besteigung des Kilimandscharo für den Bergsteiger galt. Nach einer weiteren Pause begannen wir die letzte Strecke. Ein schmaler Weg führte uns zum Gipfel Uhuru Peak auf 5895 m Höhe. Wir hatten das Dach Afrikas erreicht. Bei uns machte sich Erleichterung breit. Die Sonne war aufgegangen und wir fühlten ihre Kraft. Der Rundumblick war einfach unglaublich beeindruckend. Eine bescheidene Tafel ließ erkennen, dass wir uns am höchsten Punkt afrikanischer Erde befanden.

Der Abstieg erfolgte über eine andere Route als der Aufstieg. Zum Barafu Camp ging es weniger steil bergab, dauerte aber etwas länger. In der eingelegten Pause zogen wir uns um, übergaben die Wintersachen den Trägern und stiegen weiter Richtung Machame Camp ab. Dort tranken wir mit viel Genuss ein kaltes Bier. Der letzte Tag am Berg war für den Marsch durch den Regenwald zum Park Gate übriggeblieben. Hier erhielten wir zum Abschluss die Gipfelurkunde.

Die Rückfahrt zum Hotel in Moshi war noch vom Touranbieter organisiert. Mit meinem Bergfreund Paul lief ich diese Strecke aber zu Fuß. Wir wollten auf dem Rückweg diese Gegend besichtigen und die Menschen, die direkt am Berg lebten, etwas kennen lernen. Sie gehörten zum Stamm der Chaggas und man spürte in bescheidenen Grenzen einen gewissen Wohlstand. Die Temperaturen lagen bei 26 Grad und waren damit sehr angenehm. Die Vegetation war unglaublich üppig, begeistert waren wir von den dort wachsenden Bananen, die an jeder Straßenecke zum Verkauf angeboten wurden und einen angenehmen süßen Geschmack hatten. Im Hotel ließen wir Teilnehmer den Bergführern und Trägern ein gutes Trinkgeld zukommen. Die Löhne, die die jeweiligen Agenturen an die Bergführer oder an die körperlich stark beanspruchten Träger zahlten, waren sehr bescheiden und reichten gerade so für deren Lebensunterhalt.

Ich genoss als erstes eine Dusche. Danach suchte ich

das Restaurant auf und mit Paul und dem Rest der Mannschaft trank ich einige Biere, tauschte Adressen aus und verabschiedete mich. Auf dem Weg zu meinem Zimmer empfand ich plötzlich ein Gefühl der Dankbarkeit für das Erlebte. Ich war auf den höchsten Berg von Afrika gestiegen, nein, gewandert und hatte noch nicht einmal Blasen unter den Füßen. Unfälle hatten sich nicht ereignet, die gefürchtete Höhenkrankheit trat nicht ein und jeder Teilnehmer schaffte diese Tour.

Am nächsten Tag flog ich nach Johannesburg zurück und stieg dort um, um nach Durban zu gelangen. Marcelle empfing mich am Flugplatz mit Überschwang. Für diese Leistung würde ich am nächsten Tag eine Party in Café Fish erleben. Ich sollte mich heute von den Anstrengungen erholen und zeitig zu Bett gehen. Die Party am nächsten Tag wäre gut organisiert und ein Erlebnis für mich. Die Kinder meinten es bestimmt gut, aber ich war noch nicht so müde.

6. Eine neue Beziehung

Zu Hause überprüfte ich meine Lebensmittelvorräte, die ich einmal im Monat in einem Supermarkt ergänzte. Ein Einkauf war dringend notwendig. Im Supermarkt kannte mich der verantwortliche Parkwächter Hans und ich brauchte dort keine Gebühren zahlen. Er stammte aus Peru und seine Eltern lebten noch dort. Hans wanderte nach Südamerika aus, sprach aber auch Deutsch, da er deutsche Wurzeln hatte. Einige Monate später eröffnete er seine eigene Autowerkstatt in Durban Nord. Mein Superauto wartete er seitdem immer hervorragend.

Im Supermarkt half ich einer etwas älteren Dame beim Einkauf und eine junge Frau bedankte sich anschließend für meinen freundlichen Einsatz. Dies wäre Ruth und ihr Name Sabrina, stellte sie sich vor. Ruth hätte wieder einmal ihre Brille vergessen und könnte somit die angebotenen Produkte nicht unterscheiden. Wir möchten sie gerne als Dankeschön zu einem Kaffee oder Tee einladen. Aus dieser Situation entwickelte sich eine wunderbare Beziehung zu Sabrina, die sehr tragisch endete. Sabrina war eine gutaussehende Frau und lebte getrennt von ihrem Ehemann. Sie hatten zwei Kinder, ein Mädchen und einen Jungen im Alter von 16 und 18 Jahren. Beide wohnten zeitweise bei ihr oder dem Vater. Sie selbst hatte eine Vollzeitanstellung bei einer Behörde und war dort verantwortlich für den Einsatz der Computer. Aufgrund ihrer Lebensumstände trafen wir uns ein- bis zweimal in der Woche in meiner oder ihrer Wohnung. Meine Tochter war von Sabrina begeistert. Deshalb kehrten wir mehrmals im Café Fish ein oder wurden des Öfteren zum Essen dorthin eingeladen. Einmal fuhren wir für einen Kurzurlaub nach Mosambik in die Hauptstadt Maputo. Für Sabrina war es ihr erster Urlaub in einem anderen Land, da sie den Großraum Durban noch nie verlassen hatte. Zwischen uns entwickelte sich ein enges und vertrauliches Verhältnis.

Ganz unerwartet erhielt ich dann eines Tages einen Telefonanruf von Sabrina. Sie läge im Krankenhaus und ich sollte sie in den Abendstunden besuchen. In einem großen Zimmer empfing sie mich. Sie lag mit einem weißen Laken bedeckt auf einem großen Bett und ihren Kopf hatte sie mit einem weißen Tuch umwickelt, so dass nur ihr Gesicht zu erkennen war. Beim Entfernen des Tuches sagte sie mit bedrückter Stimme, dass ihr alle Haare ausgefallen wären. Sie hätte Krebs, könnte jedoch am nächsten Tag nach Hause. Sabrina starb zwei Wochen später im Beisein ihrer gesamten Familie zu Hause. Ich war sehr erschüttert und versuchte durch lange Wanderungen am Strand meine tiefe Trauer zu mildern und zu verarbeiten.

Um einen gewissen Abstand von diesem für mich sehr bedrückenden Ereignis zu bekommen, flog ich nach Deutschland. Mein Sohn war für mich der wichtigste Ansprechpartner und ich vermisste ihn sehr. Mein Problem kannte er bereits, da wir telefonisch in regelmäßiger Verbindung standen. Seine beruhigende Art empfand ich heilsam für mich.

Gut, dass ich meinen Sohn habe!

7. Wieder in Deutschland

Storm hatte mittlerweile eine feste Beziehung mit einer jungen Frau aus Effeld. Dort verbrachte ich einige Tage, bis ich in meine, bzw. Storms Eigentumswohnung nach Hückelhoven zog. Ich brauchte bestimmt einige Zeit, um mich in Deutschland einzuleben, vermutete ich. Da ich mit einem „Zigeuner" vergleichbar bin, der durch die Welt zieht und sich laufend veränderte, würde ich auch mit dieser Situation fertig. Ich musste mir nur einen Plan zurechtlegen und meinen täglichen Ablauf organisieren.

Für mich waren sportliche Tätigkeiten sehr wichtig, alleine schon deshalb, um so meinen Gesundheitszustand und Kondition zu erhalten. Und weiterhin sollte ich die Kontakte zu Freunden und Bekannten wieder aufnehmen.

Von der Wohnung zum angrenzenden Waldgebiet war es nicht weit und somit ein Waldlauf meine erste sportliche Betätigung. Nach meiner Rückkehr aus dem Wald begab ich mich auf einen Rundgang durch Hückelhoven. Wie ich bereits erwähnte, hatte sich diese Ortschaft nach Schließung der Zeche zu ihrem Vorteil verändert. Die Innenstadt war eine große Baustelle. Straßenverbindungen wurden verändert oder neue Straßenzüge gebaut. Vorher noch fehlende Parkmöglichkeiten wurden erweitert oder geschaffen. Angesiedelt waren neue Einkaufsmöglichkeiten oder wurden es noch. Im Umfeld von Hückelhoven entstand ein Industriegebiet, das neue Arbeitsplätze schuf. Es fand der Umbruch von einer alten unmodernen Ortschaft in eine neue moderne Kleinstadt statt. In der heutigen Zeit brauchte man andere Rohstoffe als Kohle, damit man ein Weiterexistieren ermöglicht. Vielleicht liegen diese Rohstoffe in größeren Tiefen im Bereich von Hückelhoven, sinnierte ich.

Zuhause erwartete mich ein Brief mit einer traurigen Mitteilung. Clemens, der Lebensgefährte meiner Mutter war verstorben. Er hatte in meinen Augen einen interessanten Lebensweg, der von außergewöhnlichen Ereignissen geprägt wurde. Diesen Weg beschritt er als junger Mensch deshalb, weil in seinem Elternhaus katastrophale Zustände herrschten. Mit 14 Jahren verließ er sein Elternhaus und heuerte bei der deutschen Handelsmarine an. Mit dieser Gesellschaft befuhr er auf einem Handelsschiff zweimal die Welt und zweimal die Südspitze von Südamerika. Er wurde zum Steuermann ausgebildet und steuerte im zweiten Weltkrieg die Erzschiffe von Norwegen nach Hamburg. Sein Schiff wurde jedoch von englischen Kampfflugzeugen versenkt. Nach Ende des Krieges kehrte er nach Aachen zurück und bestritt mit Kaffeeschmuggel seinen Lebensunterhalt. Er wurde erwischt und verbrachte einige Monate im Gefängnis. Anschließend arbeitete er bei der belgischen Armee in Aachen als Kraftfahrer. Danach erhielt er bei der Reifenfabrik Continental Aachen eine Anstellung als Testfahrer bis er sein Rentenalter erreichte.

Wenn ich mein eigenes Dasein realistisch betrachtete, waren in meinem Leben Merkmale aus dem Lebensweg von Clemens zu erkennen. Ich lebte in Deutschland und Afrika, zum Teil in geordneten Verhältnissen und meine Kinder hatten die Möglichkeit, ihren Kindern eine gute Zukunft zu ermöglichen. Sie schlugen für mich den richtigen Weg zu einem ruhigeren, sesshafteren Leben ein und dies betrachtete ich mit viel Zuversicht.

Meiner Auffassung nach musste in der Wohnung einiges verändert werden. Ein großer Speicher konnte nur über ausgelegte Bretter betreten werden. Es fehlte ein richtiger Fußboden und es war meine erste Maßnahme, dies zu ändern. Nach dem Ausmessen und der Bestellung der erforderlichen Bretter hatte ich den Boden nach etwa drei Monaten Arbeitszeit, mit Unterstützung durch meinen Sohn, eingebaut. Wir bemerkten zudem noch andere Stellen, die eine Verbesserung gebrauchen könnten. Schnell verging die Zeit mit den Arbeiten und schon stand das nächste Weihnachtsfest vor der Tür und in Deutschland hielt der Winter Einzug.

8. In der Heimat Nr. 2

Ich verlegte also mit Storm unseren Aufenthaltsort in das sonnige Südafrika. Marcelle und ein gutaussehender junger Mann holten uns diesmal ab. Sie stellte ihn uns als ihren neuen Freund vor. Wir waren erstaunt und sehr erfreut, ihn kennen zu lernen. Sie hatte sich schon mehrmals verliebt und einige Liebschaften hinter sich, die sich nie zu einer festen Beziehung entwickelten. Deshalb nahmen wir auch diesmal die ganze Sache gelassen auf.

Storm unterhielt sich später sehr vertraut mit seiner Schwester und meinte dann, dass bei Marcelle und Cliff echte Liebe zu erkennen wäre. Die Beiden suchten eine gemeinsame Wohnung, die nicht so weit von ihren Arbeitsplätzen entfernt lag. Cliff besaß im südlichen Teil von Durban ein eigenes Haus, welches aber zu weit weg von Marcelles Arbeitsplatz lag.

Wir verbrachten zusammen ein verlängertes Wochenende in einem gemieteten Ferienhaus bei der Ortschaft Salt Rock. Mit Cliff unternahm ich eine lange Strandwanderung und er erzählte mir interessante Dinge aus seinem Leben und ich ergänzte die Unterhaltung mit Berichten aus meinem Dasein. Wir verstanden uns auf Anhieb gut und wurden Freunde.

Leider veränderte sich das Wetter und an einigen Tagen regnete es stark. In Mosambik, das von Durban aus gesehen in nördlicher Richtung nur ca. 600 km entfernt lag, hatte sich ein schweres Unwetter gebildet. Der Limpopofluss führte Hochwasser, das stündlich stieg. Laut Wettervorhersage wurde das Unwetter mit sehr starken Regenfällen und Stürmen in vielen Teilen des Landes erwartet und die Menschen sollten unbedingt hochliegende Bereiche aufsuchen. Es bestünde akute Lebensgefahr.

Juanita rief an, um uns zu sagen, dass Garry mit seiner Mannschaft bereits das Land verließ. Sie wären auf der Flucht und große Menschengruppen bewegten sich in Richtung der Hauptstadt Maputo. Das Boot hatten sie der Regierung übergeben müssen, weil es dazu verwendet werden sollte, Menschen vor dem Ertrinken im Bereich der Küste zu retten.

Unser Aufenthalt in Südafrika wurde durch diese Katastrophe leider seitens der Regierung gekürzt, da sich große Fluchtwellen von Immigranten aus dem Raum Rhodesien, dem heutigen Simbabwe, aus politischen Gründen und nun noch aus dem Hochwassergebiet nach Südafrika bewegten. Als Tourist hatte ich eine unbegrenzte Aufenthaltserlaubnis in Südafrika, die nun auf drei Monate begrenzt wurde. Um sie zu verlängern, müsste ich zeitgerecht ein Visum beibringen und das kostete Geld. Mit diesen Einnahmen sollten dann die anfallenden Kosten der Fluchtbewegungen aus anderen Ländern getragen werden. Der gute Wille zu helfen war zwar bei der Regierung vorhanden, nur die Erfahrung, mit solchen Problemen fertig zu werden, fehlte leider. In dieser Notlage belehrten die westlichen Regierungen die südafrikanische nur mit großen Worten, eine notwendige und praktische Hilfe wurde nicht geleistet.

Ich packte also die Koffer und trat meine vorläufige Rückreise in die westliche Welt an. Storm blieb noch in Durban, da er auch die südafrikanische Staatsangehörigkeit besitzt und deshalb nicht ausreisen musste.

9. Freizeitbeschäftigung muss sein

Meine Kinder waren nun in Afrika und ich wieder in meiner eigenen kleinen Welt in Deutschland. Zu dieser Welt zählte die kleine Wohnung in Hückelhoven, die tägliche sportliche Betätigung und meine übrige freie Zeit. Ohne meine Kinder hatte ich noch mehr freie Zeit als üblich. Deshalb belegte ich einen Computerlehrgang für Anfänger bei der Volkshochschule. Dort traf ich auf einige frühere Kollegen, die ebenfalls damit ihre Freizeit füllten. Sie waren Rentner wie ich und wollten sich sinnvoll beschäftigen.

Mein Vorschlag eine Wandergruppe zu gründen, wurde von ihnen sofort mit Begeisterung aufgenommen. Immer in der Wochenmitte wanderten wir ab da gemeinsam in der Umgebung von Hückelhoven, Wassenberg, Wildenrath und im Grenzgebiet von Holland und alle waren sehr begeistert. Für mich war es die sportliche Betätigung, die ich ausführen wollte. Diese Wandergruppe würde auch noch heute bestehen, wenn nicht so viele bereits verstorben wären.

Aber so ist das Leben!

10. Eine neue Aufgabe

Alles hatte seine Ordnung, mit diesem Gedanken verließ ich diesmal Deutschland zum Beginn der Winterzeit in meine zweite Heimat.

Garry hatte sich zwischenzeitlich mit seiner Fischfanggruppe in die Umgebung von Pietermaritzburg verzogen. Später erfuhr ich, dass sie auf ihrer Flucht vor dem Unwetter von Banden überfallen wurden und ihnen alle noch verwertbaren Gegenstände wie Nahrungsmittel, Kleidung, Schmuck und Geld abgenommen wurden. Sie mussten sogar ohne Schuhe Mosambik verlassen. Südafrika leistete, soweit es möglich war, sinnvolle Hilfe, indem es Mosambik notwendige Hilfsgüter schickte. Allerdings erreichten diese oft nicht die notleidende Bevölkerung. Laut Aussagen von Hilfsorganisationen wurden Hilfsgüter sogar auf Trödelmärkten zum Verkauf angeboten. Kriminelle Machenschaften hatten in allen Bereichen ihre schmutzigen Hände im Spiel. Dies hatte ich ja leider auch erlebt. Mein Boot wurde von angeblich staatlicher Seite beschlagnahmt, um Menschen im Hochwasser zu retten. Es wurde aber vom Manager der Shongweni Lodge in der ausgespülten Bucht vom Limpopo, direkt am Indischen Ozean, gesichtet und von seinen Leuten an Land gezogen. Es war knietief mit Seewasser gefüllt. Alle Gegenstände, die sich an Bord befanden, wie die Angelausrüstung, das Steuerrad, der Propeller und die Instrumente wurden gestohlen. Die beiden Schiffsmotoren waren zerstört. Und ins Heck hatte man ein faustgroßes Loch geschlagen, um so wohl das Boot zu versenken. Es war nicht mehr einsatzfähig um Menschen zu retten.

Mit einer mir gut bekannten Transportfirma holte ich mein Boot aus Mosambik zurück. Ich selbst fuhr nur bis zur Grenze mit und wartete, um die Rückfahrt mit dem Boot auf einem Trailer bis zum Standort Durban zu begleiten. Aufgrund meiner negativen Erfahrung mit der Krankheit Malaria wollte ich das Land Mosambik nicht betreten. Ich ließ das Boot reparieren und verkaufte es sofort. Der Käufer kam aus der Provinz Cape Town und plante es am Badeort Knysna, nicht weit von der Garden Route, zu Besichtigungstouren für Touristen einsetzen.

Das Boot war bei der Flutkatastrophe durch Menschenhand zerstört worden, was ich dem Käufer jedoch nicht sagte und verschwieg ihm auch den Namenswechsel. Ich hatte nur noch das Bestreben, mich so schnell wie möglich von diesem Boot zu trennen, um so die Erinnerung an diese schreckliche Zeit zu vergessen. Garry hatte damals diese Warnung ausgesprochen und ich ignorierte sie und der Einsatz endete in einer Katastrophe. Die Mannschaft erlebte auf der Flucht gefährliche Dinge und ich wurde mit der Krankheit Malaria bestraft.

11. Backpacker Tour

Nach dieser Katastrophe benötigte ich eine richtige Auszeit am besten im Meeresbereich. Mir wurde erzählt, dass ich diese bei den Strandlopern (Strandläufer) finden könnte. In Südafrika gab es ausgezeichnete Bereiche, wo diese Art von Unternehmung zur Erholung angeboten wurden. Bekannt waren solche Strecken am Indischen Ozean bei East London. Bei Sonnenaufgang verließ ich Durban und entspannt fuhr ich über Port Shepstone, der Kleinstadt Kokstad, Umtata in der Transkei Richtung East London bis Kei Mouth am Indischen Ozean. Ich passierte dabei mehrere Klimazonen und die Landschaften zeigten sich von einer vielfältigen Schönheit.

Das Touristengeschäft Strandloper Trail war ein Einmannunternehmen. Ich konnte mein Auto unterstellen und wurde in den Streckenverlauf eingewiesen.

Und los ging es!

Da ich der alleinige Teilnehmer war, konnte ich mir eine Schlafstelle aussuchen und meine erste Übernachtung fand in einem Leuchtturm statt. Im Turm gab es Wasser, Strom, Dusche, Toilette und einen Kühlschrank. Der Schlüssel zum Leuchtturm war an einem markanten Platz deponiert und musste beim

Verlassen der Unterkunft dort wieder abgelegt werden. Auch der Schlüssel zur nächsten Unterkunft befand sich dort. Dies setzte sich in der gleichen Reihenfolge bis zur letzten Schlafstätte fort.

Alleine im Leuchtturm war ich sehr zufrieden und entspannt. Nach einer erholsamen Nacht stand ich zeitig auf, aß zum Frühstück mein Müsli, packte meine wenigen Sachen in den Rucksack und verließ den gereinigten Turm. Am zweiten Tag erhielt ich einen Anruf von Storm. Er erklärte mit Stolz, er wäre Vater eines Sohnes geworden und ich nun der Opa von Lenny. Nun war ich also ein Opa und ein richtiger Backpacker, fühlte mich frei, stolz und glücklich marschierte ich oberhalb der steilen und felsigen Küste entlang.

Backpacker sind Touristen, die versuchen, auf günstige Art und Weise so viel wie möglich von einem Land oder der Welt zu sehen. Sie reisen mit einem Rucksack und in der heutigen Zeit auch mit dem Rollkoffer. Bei uns in Deutschland hatte sich der Gedanke Backpacker, noch nicht so richtig durchgesetzt, da für viele junge Menschen die Jugendherberge viele Möglichkeiten bot. In den angelsächsischen Ländern war diese Art des Reisens als Backpacker schon länger bekannt und beliebt. Ich war schon über drei Stunden mit mehrmaligen Stopps unterwegs, um den Ausblick zu genießen, als sich der Wanderweg langsam aber sicher neigte und in eine weite Graslandschaft mündete. Die felsige Küste lag hinter mir und ich könnte den Strand in kurzen Sprüngen erreichen. Dann erkannte ich eine Bucht, die als schmaler Streifen Richtung Festland verschwand, ein Flussdelta wurde sichtbar. Diesen Fluss musste ich überqueren, wurde mir noch gestern im Reisebüro erklärt. An der Stelle, an der der Fluss in die Bucht mündete, sollte ich 100 bis 200 m erkunden, wo eine Überquerung mit meinem Gepäck möglich wäre. Das andere Ufer müsste ich dann schwimmend erreichen, eine Brücke wäre nicht vorhanden. Der Abstand zur Bucht von ca. 200 m sollte deshalb eingehalten werden, da sich in diesem Bereich manchmal Haifische aufhielten. Auch im Fluss selbst wurden schon Haifische gesichtet. Dies kannte ich bereits aus der Flussmündung des Limpopos bei Xai-Xai in Mosambik. Als ich den Fluss erreichte, kontrollierte ich das Wasser und das Flussufer sorgfältig, bis ich bei ca. 250 m einen mir passenden Übergang fand. Der Fluss wies an dieser Stelle eine Breite von ca. 50 m auf und machte eine leichte Biegung. Die Böschung war nicht sehr steil abfallend und das Wasser hatte eine geringe Fließgeschwindigkeit. Die Wassertiefe, die ich mit einem Stock maß, schätzte ich auf zwei Meter. In einem wasserdichten Sack steckte ich meinen Rucksack, meine Kleider und Wanderschuhe und verschloss ihn mit einem Seil und auslaufender Seilschlaufe. Nackt stieg ich ins Wasser und an der Schlaufe zog ich den vollgepackten Sack schwimmend mit. Mit dem Stock konnte ich die Abdrift, die bei der Fließgeschwindigkeit des Wassers entstand, ausgleichen und erreichte problemlos das gegenüberliegende Ufer. Ich zog mich an, schnallte wie ein Backpacker den Rucksack um und kam am frühen Nachmittag in der nächsten Unterkunft an. Den Stock behielt ich und schnitt ihn später als Wanderstock zu.

Ich traf eine Blockhütte aus Holz mit einem großen Balkon, der das ganze Haus umschloss, an. Sie lag fast völlig im Busch versteckt. Die Entfernung zum Strand betrug etwa 500 m und war von dort aus kaum zu erkennen. In der Hütte gab es einen großen Schlafraum mit acht Betten und eine kleine Küche mit einer elektrischen Platte und einem Kühlschrank. Auch eine Dusche mit zwei Toiletten war vorhanden. Die Anlage erinnerte mich an die Jugendherberge von Gemünd in der Eifel. Als Überraschung fand ich im Kühlschrank einen Sandkuchen mit einem Schreiben: „Für alle Teilnehmer, die den Fluss erfolgreich durchschwommen haben." Der Kuchen war mein Abendessen und meine Padcost (Reiseverpflegung) für den folgenden Tag. Am nächsten Tag passierte ich eine Anlage mit sechs Wochenendhäusern und einem kleinen Laden. Urlauber aus East London und Port Elizabeth wohnten darin, begrüßten mich freundlich und luden mich zum Tee ein. Einige der anwesenden Männer arbeiteten für das VW-Werk in Uitenhage und waren zufrieden mit der Arbeit in der Autofabrik und den sozialen Angeboten. Nach einem für mich abwechslungsreichen und interessanten Aufenthalt von über drei Stunden zog ich weiter. Zuvor stockte ich dort in dem Geschäft meine Verpflegung auf. Etwa drei km weiter fand ich auf einem ein km langen Strand Muscheln, die ich bisher nur in speziellen Geschäften gesehen hatte. Ich suchte mir einige schöne Stücke als Andenken aus.

Afrika bot den Menschen einfach überall außergewöhnliche Überraschungen und ich würde den Kontinent als Paradies bezeichnen, wenn es nicht so viele negative Dinge, wie grausame Krankheiten, Hungersnöte und die kriminelle politische Lage in vielen Staaten aufweisen würde.

Meine nächste Unterkunft, die nicht in Strandnähe lag, stand auf einem kleinen Hügel umgeben von einer Wiese. Es war ein kleines mit allem Erforderlichen ausgestattetes Steinhaus. Leider musste ich mir mein Abendessen diesmal selbst zubereiten. Richtung Strand schloss sich ein Wald- oder auch Buschgebiet an und das Meer war nicht zu sehen. Als ich am nächsten Tag den Wald durchschritt, erblickte ich in Marschrichtung einen besonders langen und gerade verlaufenden Strand, der in weiter Ferne in einer Bucht endete. Ich war überrascht und fasziniert von diesem Anblick. Meine Wanderschuhe zog ich aus und ging barfuß durch den festen und nassen Sand, wobei meine Füße und Beine von Meerwasser umspült wurden.

Wie angenehm und wohltuend!

Nach etwa einer Stunde hörte ich plötzlich Stimmen und sah eine Menschengruppe, die mir entgegenkam. Es war eine lustige Gesellschaft von Frauen und Männern etwa in meiner Altersgruppe und diese waren Urlauber aus Deutschland. Betreut wurden sie von einem Reiseführer aus Cape Town. Er veranstaltete eine Rundreise entlang der Garden Route und zurück nach Cape Town. Wir pausierten gemeinsam und die Reisegruppe stellte Fragen zu meiner Tour. Von dem, was ich ihnen berichtete, waren sie sehr angetan. Da bereits die Nachmittagszeit angebrochen war, wollten sie den Rückweg beschreiten und mir unbedingt das Backpacker Hostel zeigen, in dem sie untergebracht waren. Diese Anlage lobten alle überschwänglich und zählten alle Vorteile der Unterkunft auf. Im Hauptgebäude befand sich der Empfang für Gäste, sowie ein Aufenthaltsraum und ein Speisesaal. In den Räumen konnte man von Gästen gezeichnete Bilder begutachten, die sich damit für den schönen Urlaub bedankten. In Anbauten lagen Schlafräume für jeweils vier Personen mit Duschen und Toiletten. Männer und Frauen waren in getrennten Schlafbereichen untergebracht. Es gab weiterhin eine eingezäunte Gartenanlage mit sechs kleinen Wohnhütten für zwei Personen mit Beistellbetten für Kinder und ein zentral gelegenes Haus mit Waschgelegenheiten, Duschen, Toiletten und einem Stellplatz für Wohnmobile. Das Frühstück, Mittagessen und Abendbrot konnte man bei Bedarf zeitgerecht bestellen. In einem Laden wurden Lebensmittel, Obst und Frischgemüse angeboten. Ein Ehepaar führte das Hostel. Beide waren schon als Kinder in einem Hotel aufgewachsen und beschäftigt und besaßen somit die ideale Voraussetzung solch eine Einrichtung erfolgreich zu betreiben. Von der Reisegruppe aus Deutschland und der Ferienanlage war ich so begeistert, dass ich mich erst am nächsten Tag von ihnen trennte und ebenfalls im Hostel übernachtete. Eine Weiterreise zu anderen Backpacker Hostels in Südafrika oder anderen Ländern konnte man am Empfang organisieren, erfuhr ich noch. Die

Gruppe zog am nächsten Tag weiter zum Urlaubs-höhepunkt Graaff-Reinet und ich zu meinem End-punkt bei East London, um dort an der bestimmten Stelle den letzten Schlüssel abzulegen. Per Anhalter fuhr ich auf die bewährte Backpackerart zurück nach Kei Mouth und verbrachte die Nacht in meinem Ge-ländewagen, um am nächsten Tag die Rückfahrt nach Durban anzutreten.

12. Ein angenehmes Intermezzo

Ein weiteres größeres Ereignis war die Hochzeit von Marcelle und Cliff an einem Samstag in Salt Rock. Die Vorbereitungen lagen nicht in meiner oder Johns Verantwortung, sondern die Kinder übernahmen die Planung des besonderen Tages mit Unterstützung von Freunden selber in die Hand. Ihre Gästeliste wuchs auf über 150 Teilnehmer an und als Ort wählten sie nicht die Stadt Durban, sondern die Familienhotelanlage in der Ortschaft Salt Rock. Juanitas Eltern und einem Bruder gehörte das Hotel seit Jahren. Um die Menge der Hochzeitgäste aufzunehmen, wurde in Strandnähe auf dem Hotelgrundstück ein großes und modernes Zelt aufgebaut. Modern bedeutete ein Zelt mit Aircondition. Wir hatten Sommerzeit und die Temperaturen waren zu dieser Zeit oft nicht im erträglichen Bereich oder es traten Unwetter mit viel Regen und Sturm auf. Die im Hotel angestellten Zulus hatten bereits eine Nachfrage zum Wetter am Hochzeittag an ihre Götter gestellt, um entsprechend vorbereitet zu sein.

Dem eingeladenen und befreundeten Ehepaar Barnd und Lilly aus den Niederlanden stellte ich meine Wohnung zur Verfügung, so dass sie nach der Hochzeit einen Urlaub rund um Durban verleben konnten. Storm und meine Person wurden von Cliff und Marcelle zu einem bekannten Modeschneider aus Durban gebracht, der uns in moderne Anzüge steckte. Sie waren so gut verarbeitet, dass diese bei der Winterzeit in Deutschland einen ausreichenden Kälteschutz böten und man keinen Mantel mehr tragen bräuchte.

Als der Tag der Hochzeit in greifbare Nähe rückte, veränderten die Götter das Wetter. Eine freundliche Stimme verkündete im Radio schönes und freundliches Wetter mit Temperaturen bei nur „35" Grad Celsius und steigender Luftfeuchtigkeit für den Samstag. „Begeistert" stiegen Storm und ich in die exklusiven Anzüge und warteten auf der Straße auf das Hochzeitpaar mit Anhang. Das Paar erschien in einem Autokorso und strahlte vor Glück. Angesteckt davon fuhren wir alle gemeinsam zum Hotel. Die Trauung führte ein Geistlicher unmittelbar am Meer durch. Es wurde ein wunderbares Ereignis, dass mir in seiner Natürlichkeit unvergesslich bleibt. Die vielen Hochzeitsgäste, die dieser außergewöhnlichen Trauung am Meeresstrand beiwohnten, zogen im Anschluss beeindruckt Richtung Festzelt. Lobreden für das Brautpaar, lustige Vorführungen, Gesang und das Hochzeitessen mit den Getränken verschönerten die Feier. Den Höhepunkt bildete der elegante Brauttanz, der mit viel Liebe von Marcelle und Cliff ausgeführt wurde. Ich wechselte danach in leichte Bekleidung und passte mich somit der Temperatur an. So wie ich später erkennen konnte, hatten es mir fast alle Teilnehmer der Hochzeit gleichgetan und man konnte dann das Tanzbein so richtig schwingen.

Bei Sonnenaufgang wachte ich am nächsten Morgen auf einer Liege am Hotelschwimmbad auf, meine ursprüngliche Schlafstätte war ja belegt. Eine Hotelangestellte brachte mir einen Kaffee und ich konnte damit meine Müdigkeit vertreiben.

Marcelle und Cliff planten bereits, ein großes Grundstück zu kaufen um ein Haus zu bauen. Vielleicht könnte ich ja auch dort unterkommen, wenn ich in Afrika wäre. Meine Wohnung in Durban verkaufte ich vor der Abreise nach Deutschland. Die Möbel lagerte ich in einem Store.

13. Ein Projekt in Deutschland

Mein Rückflug nach Deutschland war für den Monat April vorgesehen. Ich hatte nämlich bereits geplant, zu Hause eine Werbeaktion für Reisen ins südliche Afrika anzuleiern. Die Ausbildung zum Reiseleiter hatte ich in Durban einige Jahre vorher gemacht und bestand den Lehrgang mit 84 % Erfolg.

Zurück in Deutschland kaufte ich als erste Maßnahme ein gebrauchtes Trabi-Auto, dem ich einen roten Anstrich verpasste und mit Werbeplakaten beklebte. Dieses außergewöhnliche Auto aus der ehemaligen DDR inclusive der Werbung sollte für mich so kostengünstig wie möglich sein. Meine erste Werbetour mit dem Gefährt führte zum Kurort Schleiden in die bergige Eifel. Auf der Hinfahrt überholten mich sogar die Lkws. Ich wurde belächelt oder kaum beachtet. Erst bei steilen Abfahrten konnte ich ebenfalls lächelnd einige Lkws überholen.

Unsere Freunde Barnd und Lilly besaßen schon seit Jahren einen Wohnwagen auf dem Campingplatz in Schleiden und verlebten die Wochenenden und ihre freie Zeit in der Gegend. Barnd und Storm waren Kollegen bei der internationalen Luftwaffenbase AWACS in Teveren bei Geilenkirchen als Sicherheitsbeauftragte beschäftigt. Als bei Storms Freund Barnd der Geburtstag anstand, begaben wir und seine anderen Kollegen uns mit den Frauen zu einer zünftigen Feier. Nach der Feier übernachtete ich bei einem Dauercamper namens Ecki, der seinen Hauptwohnsitz auf den Campingplatz verlegt hatte. Er erzählte mir, dass er den Auftrag hatte, den Wohnwagen seines Nachbarn zu verkaufen.

Als ich dann am folgenden Tag auf einer Großveranstaltung in der Kurstadt Zweifall eine wunderbare Frau mit dem Vornamen Ulla kennenlernte, beschloss ich, den gut erhalten Wohnwagen mit Ulla zu besichtigen.

Und ich kaufte ihn!

Mit dieser bezaubernden Frau verbrachte ich die erste Nacht im Wohnwagen. Er bedeutete für uns beide mit der Zeit eine Rückzugsmöglichkeit vor der Welt mit ihren Problemen. Ich erklärte Ulla meine Lebenssituation und sie unterbreitete mir ihre Vorstellungen. Ich erkannte, Ulla war abenteuerlustig und belastbar. Wir beide hatten mittlerweile mit + 60 Jahren ein Lebensalter erreicht, das von vielen gleichalterigen Menschen als Ruhephase betrachtet wird. Nicht so bei uns, unser neues Leben hatte begonnen und im Herbst wollten wir gemeinsam nach Südafrika. Die Werbekampagne erübrigte sich, als ich zwei ehemalige Kollegen aus der Bergbauzeit für eine Kilimandscharo Besteigung begeistern konnte. Das

Projekt Reiseführer brauchte und wollte ich aufgrund der Ereignisse nicht weiterverfolgen.

Ich benötigte aber ein „normales" Fahrzeug, um an den Wochenenden den Campingplatz in Schleiden zu erreichen. Das Autoproblem löste ich, indem ich den Trabi an einen Liebhaber verkaufte und mir ein Dieselfahrzeug zulegte.

14. Pendeln mit Begleitung

Was für mich mittlerweile ein gängiger Vorgang war, war für Ulla ein abenteuerliches Erlebnis. Im Herbst verlegten wir unseren Aufenthalt bis zum Frühjahr nach Südafrika. Dort begann gerade die Frühlingszeit und der Wechsel in eine andere Jahreszeit beeinflusste unser Gemüt und Verhalten positiv. Am Flugplatz in Durban stellte ich Ulla meiner Tochter und ihrem Ehemann vor. Beide staunten über das gute und junge Aussehen von Ulla, da ich ihnen schon vorher telefonisch mitgeteilt hatte, unser Altersunterschied betrage nur fünf Jahre. (Meine anderen Frauen waren meist zehn Jahre jünger.) Cliff und Marcelle hatten mittlerweile in Westville, außerhalb von Durban in westlicher Richtung zum Inland, ein Haus gekauft. Dieses Viertel zählte als Wohngegend für die gehobene Mittelklasse der Weißen und Schwarzen Bevölkerung. Das große Grundstück mit dem Wohnhaus liegt an einem mit Obst und anderen Baumarten bewachsenen Berghang mit einer fantastischen Fernsicht über Durban zum Indischen Ozean. Vom Haus und auch vom Pool aus kann man diese Aussicht genießen. Ulla und ich wurden im schönen und weitläufigen Wohnhaus im Gästezimmer einquartiert und wir waren von dem großen Doppelbett begeistert.

Marcelle unterbreitete mir den unglaublichen Vorschlag, dass ich auf ihrem Grundstück ein Wochenendhaus bauen könnte. Enthusiastisch fing ich sofort an zu planen. Das Haus würde aus Holz bestehen und über 50 qm² groß sein. Es müsste auf Holzstelzen stehen, da es am Berghang gebaut würde. Alle technischen Einrichtungen wie Wasseranschluss, Strom und Internet würden vorhanden sein. Im Haus befände sich ein großes Wohnzimmer mit Küche, ein Schlafzimmer, ein Gästezimmer und eine Dusche mit Toilette, so wie es in einem üblichen Wohnhaus vorzufinden war. Wir, ich bezog auch Ulla sofort mit ein, würden genügend Platz für die Möbel haben und konnten diese vorher in der Garage bis zur Fertigstellung unterstellen.

Der Bauplan wurde erstellt und bei der Stadtverwaltung zur Baugenehmigung eingereicht.

Für November hatte ich die Kilimandscharo Besteigung mit den beiden ehemaligen Kollegen aus Deutschland terminiert. Beide waren aus dem Arbeitsleben ausgeschieden. Für unsere Gäste und für uns mieteten wir in der Ortschaft Ballito am Indischen Ozean eine Unterkunft und zogen nach ihrer Ankunft dort gemeinsam ein. Sie mussten sich nach dem anstrengenden Flug erst erholen, bevor die Tour beim Reisebüro angemeldet und festgezurrt würde.

Es blieben zwei Tage Zeit bis zur Abfahrt nach Johannesburg und wir konnten durch Land- und Strandwanderungen die Gelegenheit nutzen, so dass die beiden sich auf die Bergtour einstellen konnten.

Und dann war es soweit. Mit dem Geländewagen fuhr ich mit ihnen nach Johannesburg und wir übernachteten nicht weit vom Flugplatz entfernt im Rode Lodge. Dort hatte ich letztes Mal bis zu meiner Rückkehr aus Tansania meinen Wagen auch untergestellt.

Die Besteigung des Kilimandscharo verlief mit wenigen Ausnahmen so, wie bereits meine erste Tour Jahre vorher. Aufgrund der guten Organisation und der Logistik durch die leider nur noch wenigen guten Anbieter hatte sich der Kilimandscharo Tourismus bei den Einheimischen als wichtige Einnahmequelle entfaltet. Besonders die Machame Route wurde von vielen Teilnehmern bevorzugt. Eine der wenigen Ausnahmen auf dieser Tour bot für mich nur der Uhuru Peak mit dem höchsten Punkt Afrikas. Nun war er mit einem großen Gerüst und einer beschrifteten Tafel gut kenntlich gemacht. Von einer Höhenkrankheit blieben wir diesmal ebenfalls verschont. Nach dem Abstieg gab es am Gate wie gehabt eine Urkunde und am nächsten Tag erfolgte unser Rückflug nach Johannesburg. Mit einem Taxi erreichten wir von dort das Rode Lodge Hotel und fuhren zurück zum Indischen Ozean nach Ballito. Ulla servierte uns im Gästehaus ein schmackhaftes Abendessen, unsere Gäste zogen sich anschließend zurück und träumten bestimmt vom Kilimandscharo. Die nächsten fünf Tage verbrachten wir mit ihnen im Game Park Hluhluwe, um eine Safari durchzuführen. Einen Teil der Tour übernahm mein Ex-Schwager Hughie, ein jüngerer Bruder Juanitas, da ich mir auf der Rückfahrt von Johannesburg nach Ballito eine mittelschwere Erkältung zugezogen hatte. Meine Gäste waren von der Safari begeistert, denn sie beobachteten Elefanten, Nashörner, Giraffen, Büffel und Löwen und fotografierten natürlich. Sie waren davon so angetan, dass sie sogar das Auto verlassen wollten, um von den Wildtieren aus nächster Entfernung Aufnahmen zu machen. Ihr Argument lautete, die Tiere schauen so friedlich und zutraulich aus. Später im Camp zeigte man uns Berichte von getöteten Menschen, die durch solch leichtfertiges Verhalten ihr Leben verloren hatten.

Meine Urlaubsgäste als ehemalige Bergleute wünschten sich auch, das größte Kohleterminal von Südafrika in Richards Bay am Ozean zu besichtigen. 80% der Steinkohle stammte aus der Provinz Mpumalanga und wurde mit Eisenbahn und Bändertransport zum Seehafen Richards Bay gebracht. Vom Terminal aus versandte man jährlich über 90 Millionen Tonnen Kohle in alle Welt. Der Hafen hatte eine Wassertiefe von 22 m und ist damit ein Tiefwasserhafen. Die Länge der Kaianlage mit sechs Anlagestellen betrug über 2000 m. Südafrikas Kohle war sehr preisgünstig, da sie in geringer Tiefe und auch im Tagebau abgebaut werden konnte. Die Kohleflöze waren mächtig und wurden durch Erdstörungen kaum beeinflusst. Meine beiden Touristen waren tief beeindruckt.

Nicht nur der Umweltgedanke, sondern auch das günstige Preisangebot, das Südafrika machen konnte, hatte die Schließungen unserer Zechen in Deutschland begünstigt.

Die Urlaubzeit der beiden ging zu Ende und zwei Tage später brachten wir sie zurück zum Flugplatz in Johannesburg. Unsere erste Station auf der Rückfahrt war Hermannsburg, wo Marcelle einen Teil ihrer Schulzeit verlebt hatte. Wir fuhren weiter über Greytown, wo der stolze Stamm der Zulus im Gebiet der 1000 Hügel lebte und über Ladysmith, wo die weißen Buren den Engländern einige verlustreiche Schlachten geliefert hatten. Einen Tag später erreichten wir den Flughafen und wünschten unseren Gästen einen guten Heimflug.

Unser persönlicher Urlaub konnte, ohne die Verantwortung für Gäste zu tragen, die die Gefahren von Afrika nur teilweise kannten, beginnen.

Wir hatten uns vorgenommen, im Royal-Natal-Nationalpark, der im nördlichen Teil der Drakensberge liegt, zu übernachten und von dort aus Wanderungen zu unternehmen. Über die Ortschaften Frankfort und Bethlehem erreichten wir den Park. Wir meldeten uns für eine Woche Aufenthalt an und bauten unser Zelt auf dem Campingplatz auf. Es waren für uns beide wunderschöne und erholsame Tage. Ulla hatte die gute Eigenschaft sich auf veränderte Situationen schnell einzustellen und ausreichend Kondition und Willenskraft für das Wandern in den Bergen.

Weihnachten und das Neue Jahr feierten wir im neuen Haus meiner Kinder in Westville mit den Familienmitgliedern. Für Ulla war es ein Weihnachtsfest in einer anderen Welt. Es herrschte Sommerzeit und die Temperaturen lagen über 30 Grad Celsius und in Deutschland war Winter bei nur minus vier Grad Celsius. Ein Weihnachtsgefühl konnte so bei ihr nicht aufkommen. Es war emotional wie ein Sprung ins kalte Wasser. Die Gegensätze waren zu groß. Schon in der Vorweihnachtszeit wurde ein Weihnachtsbaum aufgestellt und geschmückt. In Afrika waren es Weihnachtsbäume aus Kunststoff, die im Handel angeboten wurden, die man selbständig auf- und abbauen konnte. Sie sollten dafür sorgen, dass sich ein weihnachtliches Gefühl einstellte. Als ich im heutigen Namibia lebte, holte man Dornenbüsche aus der Wüste, schnitt sie zu Weihnachtsbäumen zurecht und stellte sie mit viel Begeisterung auf. Dazu trank man reines Windhoeker Bier. An den Türrahmen brachte man etwa in Kopfhöhe Mistelzweige an. Begegnete ein Mann einer Frau unter diesen Zweigen, musste er diese Frau darunter küssen und fröhliche Weihnachten wünschen. Der 24. Dezember ist für viele Deutsche der Heilige Abend und wird mit einem großen Essen und der Verteilung von Geschenken gefeiert. Um 24.00 Uhr besuchte man die Christmette. In Südafrika dient dieser Tag zur Vorbereitung des Weihnachtsfestes, das am 25. Dezember beginnt. Die Geschenke hatte der Father Christmas bereits in der Nacht unter den Weihnachtsbaum abgestellt. Nach der Bescherung in den Morgenstunden fängt etwa zur Mittagszeit das große Weihnachtsessen an. Jeder Teilnehmer muss eine goldfarbene Krone aus Papier aufsetzen. Aufgrund der hohen Temperaturen ist an der Weihnachtstafel leichte Kleidung erlaubt. Serviert wird ein großer gekochter Truthahn, der mit vielen leckeren Sachen, wie z. B. mit Äpfeln, Gemüse und Gewürzen gefüllt ist. Dazu werden Kartoffeln und eine wohlschmeckende Soße angeboten. Danach gibt es den aus vielen Süßspeisen und Trockenfrüchten zusammengestellten Christmas Pudding, der noch mit Brandy übergossen wird, zum Nachtisch. Papierrollen werden verteilt, die man Cracker nennt. Auf Kommando zieht man sie auseinander, es gibt einen Knall und es fallen kleine Zettel mit lustigen Sprüchen, Rätselaufgaben oder Spielzeug heraus. Dabei singt man Weihnachtslieder, wie „We wish you a Merry Christmas". Der 26. Dezember wird als „Boxing Day" bezeichnet. Es werden jedoch keine Boxkämpfe ausgetragen, sondern Weihnachtsgeschenke an die Hausangestellten verteilt. Diese umfangreichen Weihnachtsfeiern versüßten Ulla und ich mit selbstgebackenen Plätzchen und Weihnachtsstollen. Dafür durften wir die Küche im Restaurant Café Fish benutzen und das Küchenpersonal half dabei. Alle waren von den Backwaren so angetan, dass wir diese überwachen mussten, damit für die Weihnachtsfeier noch genügend übrigblieb. Das Neujahrsfest feiert man ebenso groß mit gutem Essen, viel Alkohol und ausgelassenem Tanzvergnügen.

Im neuen Jahr (2003) startete der Aufbau des Wochenendhauses und Ulla und ich flogen für einige

Monate zurück nach Deutschland, wo der Frühling Einzug hielt.

In Durban lieferte in dieser Zeit eine Firma das Baumaterial und fast zur gleichen Zeit erteilte die Stadtverwaltung Durban die Genehmigung zum Bauen. In nur zwei Monaten schaffte die Firma den gesamten Aufbau, nachdem die Holzstelzen standen. Den Innenausbau übernahmen meine beiden Ex-Schwager Liege und Hughie. Liege war beschäftigt mit dem Ausbau der Wohnräume und Hughie verlegte die elektrischen Anschlüsse mit den Verbindungen. Eine Firma stellte die Anschlüsse für Wasser und Abwasser zur Küche, Dusche, Toilette und deren Ablauf in das Kanalsystem fertig. Die Stadtverwaltung war bei der Begutachtung mit der handwerklichen Arbeit zufrieden.

Zur beginnenden Frühlingszeit in Afrika kehrten Ulla und ich wieder zurück nach Durban. Wir waren beide sehr angetan vom Cottage mit der fantastischen Aussicht, die sich uns bot. Unser Haus stand mit der Frontseite auf ca. vier m hohen Holzstämmen, die auch die überdachte Veranda abstützten. Der Eingang zum Haus lag auf der Rückseite und vor der Haustür befand sich eine große Betonplatte. Aufgrund der Hanglage wurde diese mit einer Betontreppe verbunden, die zum Pool und dem Wohn-

haus führte. Die Elektroleitungen und die Rohrver-
bindungen für Trink- und Abwasser waren unter
dem Fußboden angebracht und aufgrund der Hanglage nur mit Leitern erreichbar. Unter dem Fußboden
befanden sich ebenso wie an den Wänden und dem
Dach Isolationsplatten. Somit war eine Festung gegen große Hitze und Feuchtigkeit entstanden. Eine
Wandseite im Schlafzimmer war zum Kleider-
schrank ausgebaut. Hier befanden sich Regale und
Stangen für Kleidung für vier Personen. Im großen
Wohnzimmer gab es eine Küchenseite mit Holztheke
und eingebautem Elektroherd, Kühlschrank und einer Spüle. Das Badezimmer war ausgestattet mit Dusche, Waschbecken und einer Toilette. Im Gästezimmer hatten zwei Personen Platz und es bestand noch
die Möglichkeit, einen Schreibtisch mit Regalen ein-
zubauen. Meine eingelagerten Möbel fügten sich in
allen Zimmern perfekt ein.

Für mich bedeutete das Cottage einen Wechsel in
eine übersichtliche Welt. Die Großstadt ist für mich
eine Stätte der Begegnung und Arbeit. Ländliche
Umgebung bietet mir Entspannung und Erholung
und da fühle ich mich wohl. Soweit ich meine Partnerin einschätzte, war für sie eine Zwischenwelt ideal. Und diese fanden wir im großen Einkaufsviertel
von Westville. Im „Pavillon" tätigten wir den ersten

Großeinkauf. Ulla zeigte sich tief beeindruckt von der großen und übersichtlichen Anlage sowie über das Angebot in den vielen Geschäften. Die Wohngegend mit den weiteren Neuerungen in Westville boten uns vielfältige Möglichkeiten, so dass die Zeit wie im Fluge verstrich und unser Rückflug mit der Fluggesellschaft Emirates stand „plötzlich" bevor. Nach einem zünftigen Abschiedsessen brachte man uns am nächsten Morgen zum Flugplatz. Der Flug von Durban über Dubai nach Düsseldorf dauerte mit Wartezeit ca. 19 Stunden. Diese Flugstrecke wird von Touristen aus Europa stark frequentiert, da die Urlaubsangebote in und um Dubai sehr vielversprechend sind. Ich fliege schon seit dem Jahr 1996 fast jährlich und ab dem Jahr 2003 zusammen mit meiner Lebenspartnerin als Begleitung nach Südafrika. Leider sammelt man als Privatperson keine Meilen (Miles & more). Da unser Hinflug mit Emirates nach Südafrika meist vor Dezember gebucht wurde, konnten wir die Weihnachtsgeschenke für die Kinder, Enkel und Freunde auf dem Flugplatz in Dubai immer günstig einkaufen.

Zudem stellt der Flugplatz Dubai für den Reisenden selbst ein Erlebnis dar. Er bietet alle Möglichkeiten für den Fluggast, seinen Aufenthalt so angenehm wie möglich zu gestalten. Der moderne Empfangsbereich ist ein großes verglastes, klimatisiertes Gebäude. Im Zentralbereich findet man einen Informationspunkt. Dort werden alle Fragen in vielen Sprachen beantwortet. Zu den Bereichen der Abflugmöglichkeiten gibt es einen angenehmen Transport in Kleinmobilen, die elektrisch angetrieben werden. Außerdem sind Flugplatzangestellte unterwegs, die Fragen beantworten und Hilfe leisten. Unser Flug mit Emirates war trotz der langen Dauer für uns angenehm und wir landeten zufrieden in Düsseldorf, wo wieder der Frühling einzog.

15. Besuch in Polen

Zu dieser Zeit waren Autos aus Deutschland in Polen sehr gefragt. Mein früherer Arbeitskollege und Freund Mirko überführte gebrauchte Autos nach Polen, um sie dort günstig zu verkaufen. Er ist in Polen geboren und zum zweiten Mal verheiratet. Aus den Ehen hat er drei Söhne. Schon als junger Mann erlernte er in Deutschland den Beruf Dachdecker. Danach wechselte er wegen der besseren Bezahlung zum Bergbau. Nach der Bergbaukrise gründete er seine eigene gutgehende Dachdeckerfirma. Mit den Einnahmen wollte er in Polen ein Haus bauen, um seiner Familie eine bessere Lebensgrundlage zu bieten. Auf der bevorzugten Halbinsel Lipinka am großen See Radezino errichtete er ein modernes Mehrfamilienhaus. Beim Dorf Lipinka beginnt, soviel ich weiß, ein großer Naturpark mit kleinen Flüssen, die durch große Waldgebiete fließen und in verschiedene Seen münden. Das Gebiet mit den außergewöhnlichen und vielen Gewässern wird „Pommerische Seenplatte" genannt.

Zwischen Mirko und mir entwickelte sich eine Freundschaft, die auch heute noch besteht. Als wir, Ulla, Storm und ich, zu seiner Familie nach Polen eingeladen wurden, war mein Sohn davon begeistert, die lange Strecke mit dem Auto fahren zu können. Wir überführten nämlich ein Auto für Mirko nach Polen, weshalb wir mit zwei Wagen fuhren. Die Fahrstrecke von Düren bis nach Lipinka beträgt etwas über 800 km. Gemeinsam in den frühen Morgenstunden starteten wir, um vor Einbruch der Dunkelheit unser Ziel zu erreichen.

Die Strecke von Berlin-Ost über Frankfurt an der Oder bis Küstrin war für mich auch Neuland. In DDR Zeiten erhielt ich keinen Zutritt zu diesem Gebiet. Bei der Zollabfertigung gab es keine Beanstandung und wir kamen in die polnische Stadt Kostrzyn. Dort wechselten wir unser Geld bei einem guten Bekannten von Mirko in einem Wechselbüro in Zloty um. Bei unseren folgenden Reisen nach Polen wurden wir in dieser Einrichtung immer gut bedient. Die Fahrt führte weiter Richtung Osten und nach ca. 40 km erreichten wir die Stadt Landsberg, das heutige Gorzow an der Warthe.

Als Handelsstadt mit dem Nachbarn Polen entwickelte es sich zu einer prächtigen Stadt. Sie liegt auf einer Höhe und es gibt einen Flussübergang mit einer Passstraße. Landsberg besitzt viele Sehenswürdigkeiten, die nach Kriegsende von der polnischen Verwaltung gut erhalten wurden. 70 km weiter erreichten wir die Stadt Drezdenko, die Verwaltungsstadt. Und nur noch acht Kilometer waren es zum

Dorf Lipinka und der Halbinsel. Der Zugang zum bewohnten Gebiet war durch ein zwei Meter hohes Tor verschlossen. Es hatten nur die privilegierten Besitzer der neu erbauten Häuser Zutritt. Mirko galt in Polen als Persönlichkeit und konnte mit einem Schlüssel das Tor für uns öffnen. Soweit ich mich noch erinnere, standen dort fünf Häuser, die von gepflegten Gärten umgeben waren. Mirkos Haus gefiel mir am besten, da es einen sehr breiten Zugang zum See aufwies. Das Wohnhaus ermöglichte mit der modernen Bauweise ein lichtdurchflutetes, erholsames Wohnen. Der Eingangsbereich war eine große Empfangshalle, die einen Halbkreis bildete und daran reihten sich die Wohnbereiche an. Zur ersten Etage führte eine breite Treppe, die in einer offenen Galerie endete. Auch oben gliederten sich die Zimmer in einem Halbkreis aneinander. Für mich ein Traumhaus, an dem nur noch Verschönerungsarbeiten, wie Holz oder Malerarbeiten vorgenommen werden mussten. Durch meinen Freund Mirko lernten wir viele Polen kennen und schätzen. Mit älteren Personen konnten wir uns nicht intensiv und ausführlich unterhalten, da sie aufgrund der Zwangsevakuierung nach dem zweiten Weltkrieg aus der westlichen Grenze von der Ukraine nach Polen umgesiedelt wurden und nur die polnische Sprache beherrschten. Mehrmals gaben uns diese Menschen zu verstehen, dies wäre nicht ihr Land, in dem sie nun lebten. Jüngere Menschen in Polen sprachen Deutsch und Englisch, da viele von ihnen einer Arbeit in Deutschland und England nachgingen oder jährlich als Erntehelfer in diesen Ländern arbeiteten.

In Landsberg an der Warthe besichtigten wir die gut erhaltenen Kirchen und Sehenswürdigkeiten aus der alten Zeit. Der bekannte Trödelmarkt bot ein preiswertes Angebot an Zigaretten und Wodka.

Mirko und seine Freunde errichteten für uns auf der Ferieninsel direkt am Strand nicht weit von seinem Haus ein Wochenendhaus, das aus Baumstämmen zusammengesetzt und aufgebaut wurde. Es besaß einen Holzsteg, der direkt in den See führt und wir konnten uns zu jeder Zeit durch Plantschen und Schwimmen im See vergnügen. Das Holz für Häuser oder anderen Objekten holten sie zu günstigen Konditionen aus der Ukraine. Ein Freund von Mirko besaß ein großes Holzunternehmen und die erforderlichen Schwertransporter. Er baute in Zusammenarbeit mit einer deutschen Firma Wochenendhäuser und stellte diese in Polen und Deutschland auf.

Wir drei verlebten dort eine erholsame und interessante Zeit mit Wanderungen und Bootsfahrten auf dem Fluss Drawe im Naturpark.

Unsere Heimfahrt aus Polen verlegten wir in die Nacht, um so nicht in die großen Verkehrsstaus zu geraten, die tagsüber fast normal waren. Leider regnete es heftig auf der gesamten Fahrt. Ulla hatte das Steuer übernommen und ich war überrascht, mit welcher Sicherheit und Eleganz sie das Auto durch die Regenfront und die Dunkelheit steuerte.

Auf einer dieser Heimfahrten von Polen besuchten wir Freunde in Berlin und die sagenumwobene Niederlassung der Preußen, die Stadt Potsdam. Die Entfernung vom Dorf Lipinska nach Berlin beträgt nur ca. 200 km. Der Straßenausbau in Polen zu den uns bekannten Urlaubsschwerpunkten, wie zum Beispiel nach Landsberg oder dem Naturpark wurde durch die Europäische Gemeinschaft gefördert. Der Staat Polen ist seit dem 2004 Mitglied und genießt somit auch die Vorteile der EU für den Straßenbau.

Potsdam liegt in Brandenburg und grenzt im Nordosten an Berlin und ist die Hauptstadt des Bundeslandes. Sie ist die Stadt der Schlösser mit großartigen Gärten und Parkanlagen direkt am Fluss Havel. Um in diese Kulturstadt einen guten Einblick zu erhalten hatten wir uns einer Reiseführung angeschlossen. Später riet man uns, besser einen Kurzurlaub von etwa drei Tagen dorthin zu buchen, um alle Sehenswürdigkeiten intensiver erkunden und bewundern zu können. Leider konnten wir unseren Aufenthalt zu dieser Zeit nicht verlängern, wollten aber weitere Besichtigung nachholen.

Zu Hause angekommen machten Ulla und ich den anbrechenden Tag zur Nacht. Erholt und zufrieden wachten wir in den späten Nachmittagsstunden auf und bei einer guten Tasse Kaffee konnten wir entspannt die Höhepunkte der Polentour und die noch nicht ganz abgeschlossene Potsdam Besichtigung nachbesprechen. Die ganzen Aufenthalte in Polen waren für uns immer eine schöne Zeit. Nur die weite Entfernung war ein Problem.

16. Familienzuwachs

Dann verlegte Storm mit seiner Freundin Steffi seinen Wohnort Deutschland nach Durban und sie unterstützten Marcelle bei der Arbeit in Café Fish. Meine Tochter war schwanger und erwartete im folgenden Dezember ein Kind. Storms Freundin war ausgebildete Krankenschwester und konnte Marcelle bei der Arbeit und zu Hause gut unterstützen. Für mich waren dies wieder neue Situationen, die ich erst einmal „verdauen" musste. Ulla hatte allerdings schon bei unserem letzten Aufenthalt in Durban die Anzeichen einer Schwangerschaft bei Marcelle erkannt und war davon nicht überrascht. Mir war jedoch nichts aufgefallen.

Wir regelten alles Notwendige und verließen Deutschland wie so oft im Monat November. Marcelle empfing uns lächelnd mit einem gewölbten Bauch mit ihrem Ehemann Cliff am Flugplatz Durban. Im Café konnten wir nochmals die gesamte Familie, auch Steffi und Storm umarmen.

Mit aller Kraft wendeten wir uns diesmal dem Ferienhaus zu und erledigten, was noch notwendig war. Was dem Haus auch noch fehlte, war eine wohnlichere Atmosphäre, die durch Bilder an den Wänden verwirklicht werden könnte. Ulla meinte, dass ich ein gewisses Talent zum Zeichnen und Malen besitze und ich sollte es doch einmal versuchen. Gemeinsam fuhren wir zum Einkaufscenter Pavillon und mit Ullas Hilfe hatte ich die notwendige Ausrüstung schnell gefunden. Um den richtigen Einstieg ins Zeichnen und Malen zu finden, kauften wir ein Fachbuch und konnten dann der Reihe nach erforderliche Pinsel, Farben sowie Leinwand und Staffelei kaufen. Mein „Atelier" war nun das große Wohnzimmer in unserem Ferienhaus. Der Lichteinfall entpuppte sich als zu intensiv in diesem Zimmer und ich baute meine Staffelei im Gästezimmer auf, wo die Lichtverhältnisse aber ebenfalls nicht in Ordnung waren. Zuletzt richtete ich mein Atelier auf der großen Veranda ein. Als erste Vorlage hatte ich einen großen Löwenkopf ausgesucht, den ich in einem Fachgeschäft gekauft hatte und den ich in Ölfarbe malen wollte. Prompt wurde ich dabei durch Rufen und Klopfen an der Tür gestört. Es war der Vater von Cliff, der uns aufgeregt mitteilte, sein Sohn hätte angerufen und wir sollten zusammen zum Krankenhaus kommen, das Baby wäre geboren. Das moderne Gebäude stand neben dem großen Einkaufscenter. Marcelle hatte bereits vor Wochen dort mit der Schwangerschaftsgymnastik begonnen und wurde durch die Hebammen in allen Einzelheiten über das richtige Verhalten vor und nach der Geburt eines Säuglings geschult. Wir waren alle davon überzeugt, dass das zu erwartende Baby ein Junge sein würde. Gespannt machten wir uns auf den Weg dorthin. Im Krankenzimmer saß die Mutter Marcelle im Bett, hielt ein schlafendes Baby in ihren Armen und lächelte glücklich. „Es ist ein Junge," sagte sie mit fester Stimme.

Ich fühlte mich glücklich und zufrieden. Eine neue Frau, zwei neue Enkel, ein Ferienhaus mit Familienanschluss und Urlaubsfeeling mit dem richtigen Platz zum Malen und Zeichnen von Bildern.

Übrigens:

Das fertige Bild vom Löwenkopf nahm ich später mit nach Deutschland in meine Wohnung in Geilenkirchen mit. Dort hängt es im Wohnzimmer an der Wand und erinnert mich an die ereignisreichen Zeiten in Afrika.

Ulla und ich waren über Alec und sein Verhalten so begeistert, dass wir zunächst größere Reisen in Südafrika ausschlossen und uns mit Alec im Raum Durban bewegten.

Ulla war es schon immer wichtig, mit den Kindern aus meiner und ihrer Familie öfter etwas zu unternehmen. Da sie aus ihrer Ehe zwei Kinder mit viel Liebe erfolgreich aufgezogen hatte, fand sie auch jetzt die richtige Hand im Umgang mit den Kindern.

17. Ein Sommer in der Eifel

Den anschließenden entspannten Sommerurlaub verlebten wir auf dem Campingplatz in Schleiden. Gemünd, Ullas Geburtsort, ist davon nicht weit entfernt. Ein angenehmer Wanderweg am linken Ufer des Olef Baches führt in gut einer Stunde vom Campingplatz nach Gemünd. In Sichtweite liegt auf der anderen Seite der Ortsteil Olef.

Gemünd ist ein Kneipp Kurort, der geschützt an den Hängen des Kermeter-Hochwaldes in der Eifel liegt. In der zentralen Kuranlage werden medizinische Bäder angeboten oder Kneippsche Anwendungen für Herz, Nerven, Stoffwechsel und Kreislauferkrankungen. Es gibt viele Freizeitmöglichkeiten, wie zum Beispiel das groß angelegte Freibad mit seinen vielseitigen Sportmöglichkeiten. Die Angebote für Touristen und auch für Einheimische in und um Schleiden sind umfangreich, so dass es besser ist, seine Unternehmungen gezielt vorzubereiten. Bei Regenwetter könnte man die Schlossanlage und die Schlosskirche besichtigen oder die Informationsabteilung mit ihrer Stadtbücherei. Sehr zu empfehlen ist die Fahrt mit dem Auto zum Kloster Maria Wald mit dem Angebot einer vorzüglichen Erbsensuppe und dabei die Klosteranlage zu besichtigen. Unterhalb des Klosters liegt die Kleinstadt Heimbach mit

Burganlage und historischem Kraftwerk am Rurstaubecken, das durch Wasserkraft schon vor etwa 100 Jahren Strom herstellte.

Auch die Burg Vogelsang ist schnell und gut erreichbar und sehenswert. Die ehemalige NS-Ordensburg ist heute ein internationaler Platz für Toleranz, Vielfalt und friedlichem Miteinander und zeigte dies in einer Ausstellung. Bei sehr warmem Wetter war der geruhsame Aufenthalt am Wohnwagen mit all seinen Einrichtungen eine wahre Wohltat und auch das sich direkt am Campingplatz befindliche moderne Freibad. Da es in der Sommerzeit in Deutschland ebenfalls sehr schön sein kann, lud Ulla mehrmals unsere kleineren Enkelkinder ein, was diese immer gerne wahrnahmen.

Für uns bedeutete es jedoch immer ein Ereignis, unseren Aufenthalt in einer anderen „Welt" fortzusetzen, wenn sich das Wetter aufgrund der Jahreszeit veränderte und es in Deutschland kalt und nass wurde. Wir vermissten dann den warmen Sommer. Allein schon die Gewissheit, dass wir unser Leben so ausrichten konnten, ohne dass wir anderen außergewöhnlichen Pflichten nachgehen mussten war einfach wunderbar. Ebenso die Vorfreude, wenn wir den Aufenthalt im Vorfeld planten. Wir mussten nur unsere Koffer packen und mit dem Flugzeug Richtung Süden der Sonne entgegenfliegen. Dort hatten wir unser Haus, ein Auto und Menschen, die uns liebevoll erwarteten. Und auch in Südafrika konnten wir unser Leben so gestalten, wie es unseren Vorstellungen entsprach.

18. Urlaubsleben in Südafrika

In Durban entwickelte sich der kleine Alec zu einem aktiven Kind. Es war eine Freude, von Alec am Flugplatz in Durban empfangen und mit seinen großen Augen angelächelt zu werden. Er versuchte schon früh, sich in englischer und deutscher Sprache zu äußern. Als er zu Hause seine Geschenke auspackte, wenn wir aus Deutschland anreisten, bedankte er sich verständlich. Er hatte auch einmal ein „Geschenk" für uns vorbereitet, nämlich eine Vorführung seiner vollendeten Esskultur. Zum Beispiel, wie man mit einem kleinen Löffel aus einer Schale den Pudding zum Mund führt, ohne dass die unmittelbare Umgebung etwas unfreiwillig abbekommt. Anfangs fand ich die Erziehungsmethoden seiner Eltern teilweise gewöhnungsbedürftig, wenn er zum Beispiel alles nur mit den Fingern aß. Gott sei Dank war dies nur eine kurze Phase. Danach war ich auch von dieser Methode überzeugt.

Ulla und ich waren über Alec und sein Verhalten so begeistert, dass wir zunächst größere Reisen in Südafrika ausschlossen und uns mit Alec im Raum Durban bewegten.

Ulla war es schon immer wichtig, mit den Kindern aus meiner und ihrer Familie öfter etwas zu unternehmen. Da sie aus ihrer Ehe zwei Kinder mit viel

Liebe erfolgreich aufgezogen hatte, fand sie auch jetzt die richtige Hand im Umgang mit den Kindern. In Deutschland waren es Lenny und sein Halbbruder Luka, der sich meistens Lennys Besuchen bei seinem Vater Storm anschloss. Und in Afrika war es Alec, der von ihrer Führsorge profitierte. Meine Stärken waren da anders gelagert. Ich konnte Ulla und die Kinder durch Fahrten mit dem Auto zu Sehenswürdigkeiten und Spielplätzen bringen oder mit ihnen Spaziergänge machen. Wir kehrten erst wieder nach einer Aufenthaltsverlängerung von sechs Monaten nach Deutschland zurück.

Für den nächsten Aufenthalt in Durban war eine lange Fahrt Richtung Westen nach Namibia geplant. Aber zuerst wollten wir wie so oft das Weihnachtsfest mit den Kindern verbringen. Die Geschenke besorgten wir in Dubai und alle, insbesondere Alec, waren immer begeistert.

Am zweiten Weihnachtstag machten wir uns in dem Jahr in den frühen Morgenstunden auf unsere Fahrt Richtung Namibia. Die Temperaturen stiegen wieder weit über 30 Grad an. Nachmittags erreichten wir die Drakensberge, besuchten dort Liege auf der Farm und überreichten ihm sein Weihnachtsgeschenk. Er wollte uns ein Holzregal schenken, aber leider hatten wir dafür keinen Platz in unserem Auto. Am nächsten Tag verließen wir Liege und konnten uns nach einer anstrengenden Fahrt in Upington, das in der heißesten Wetterzone Südafrikas liegt, auf dem Campingplatz einen schönen Stellplatz, nicht weit vom Schwimmbad, einrichten.

Die deutschstämmigen Südafrikaner waren wanderlustige Menschen und verlegten oft ihre Wohnorte in die verschiedenen Klimazonen des riesigen Landes. Deshalb besitzt jede Stadt in Südafrika einen speziellen deutschen Club, in dem sie sich treffen und das Deutschtum pflegen. Namibia ist dafür ein gutes Beispiel. Trotz der vielen schrecklichen Ereignisse in der Vergangenheit hatte sich dieses Land deutsche Traditionen erhalten. Auch alle religiösen Feste werden dort gefeiert, so wie der jährliche Karneval mit großen Umzügen.

Es gibt deutsche Schulen in Windhoek, Swakopmund und Lüderitz. Einmal im Jahr reiste eine Prüfungskommission aus der Bundesrepublik Deutschland nach Namibia, um bei den Schülern die Abiturprüfung abzunehmen. Die deutsche Sprache ist neben Englisch und Afrikaans die dritte Amtssprache. Daneben existieren noch die vielen Bantusprachen. Viele Farmen und auch Geschäftsunternehmen aus der Kolonialzeit befinden sich weiterhin in deutschem Besitz. In diesen und anderen kleinen Städten und Ortschaften sind Straßennamen deutsch geschrieben. Dies ist für Touristen aus Deutschland eine große Orientierungshilfe und gibt ihnen Vertrauen in dieses wunderschöne Land.

Nach einer Stunde Fahrt von Upington aus waren wir in Namibia. Unserem Reiseplan entsprechend wollten wir den nördlichen Teil von Namibia mit seinen Besichtigungshöhepunkten besuchen. Auf meiner Autokarte hatte ich die Route bereits eingezeichnet. Über Karasburg erreichten wir die Kleinstadt Keetmanshop, die bei vielen Einwohnern als die Hauptstadt des Südens von Namibia bezeichnet wurde. Dort telefonierten wir mit den Kindern und besichtigten dann das alte historischen Postamt. Im Touristik Büro bekamen wir einen gut ausgestatteten Platz auf einem Campingplatz zugewiesen. Vorher machten wir noch einen kleinen Abstecher nach Hobas, dem Tor zum Fish Canyon. Von dort hat man einen atemberaubenden Blick in den etwa 200 km langen und fast 500 m tiefen Canyon. Man kann ihn mit dem Grand Canyon in Nordamerika vergleichen. Neben der Wanderstrecke nach Ai Ais gab es auch eine Schotterstraße für Geländeautos. Auf dieser Strecke überschlug ich mich mit meinem Motorrad auf meiner früheren Tour durch Namibia. Am nächsten Tag ging es für uns weiter nach Mariental. Im Hochland hatte es stark geregnet und die Gebiete von Rehoboth und Mariental wurden dadurch beeinträchtigt, so dass eine Weiterfahrt nicht mehr möglich war. Ein Teil der Straße nach Windhoek war überschwemmt. Ein kleiner Bach, der unter der Straße durchfloss, war verstopft und überspülte die Straße, die in einer Mulde lag. Ein nicht weißer Bürger aus Namibia erklärte uns in deutscher Sprache, wie wir diese Sperrung umfahren könnten, um doch nach Windhoek zu kommen. Ulla war so erstaunt über seine präzise Erklärung in Deutsch, dass sie die Frage stellte, welche Schule er besucht hätte. Er lachte und sagte: „Die deutsche Schule in Windhoek." Mit knapp einer Stunde Zeitverlust erreichten wir in den Abendstunden den Campingplatz. Auch dort hatte es stark geregnet und es war schwierig, einen trockenen Stellplatz zu finden, um im Auto zu übernachten. Deshalb buchten wir am nächsten Tag eine Wohnhütte, die sich in einem guten Zustand befand.

Windhoek liegt als Hauptstadt von Namibia ca. 2000 m hoch im sogenannten Hochland und hat ein angenehmes Klima mit Sommertemperaturen zwischen 20 und 36 Grad. Im Winter pendeln die Temperaturen zwischen 10 und 24 Grad. In den Monaten November, Dezember und Januar setzen die jährlichen

Regenfälle ein. Die übliche Heftigkeit des Regens hatte sich verändert, auch dort machte sich, wie in der restlichen Welt, der Klimawandel bemerkbar.

Für unseren Aufenthalt in Windhoek hatten wir eine Woche vorgesehen. Ulla zeigte ich das älteste Bauwerk, die Alte Feste. Dieser imposante Bau auf dem hohen zentralen Berg bot uns einen eindrucksvollen Blick über die Stadt. Auf dem Hügel Richtung Osten erblickt man drei weitere Burgen. Nicht weit entfernt davon steht das bekannte Reiterdenkmal, das an die gefallenen deutschen Soldaten erinnern soll, die im Kampf gegen die Nama und Herero umgekommen waren. Zurück ging es dann zur Christuskirche und über die eindrucksvolle Independence Avenue, die vor einigen Jahren noch Kaiserstraße hieß, zum Zentrum der Stadt mit seinen Geschäften, Restaurants und den Hotels wie den Thüringer Hof, den Fürsten Hof oder das Kalahari Sands Hotel. Ulla war wieder einmal beeindruckt von den vielseitigen Angeboten die es gab.

Nach einem sehr interessanten und anstrengenden Tag hatten wir gut gegessen und waren glücklich unsere Wohnhütte auf dem Campingplatz zu betreten. Der nächste Tag sollte uns viel Ruhe und Entspannung bringen. Neben unserem Platz lag das mir bekannte Safari Hotel mit großer Empfangshalle,

Speisesaal, Außenterrasse, Küche und großem Freibad. Wir konnten dieses Hotel zu Fuß erreichen, fuhren aber mit dem Auto hin, um dadurch den Schwarzen Autowächter finanziell zu unterstützen, da er nur eine freiwillige Bezahlung erhielt und von diesem Geld seinen Lebensunterhalt bestreiten musste. Wir verbrachten einen Wohlfühltag im Safari Hotel und genossen das gute und reichhaltige Essen. Das Wetter hatte sich geändert und es war eine Freude, in der herrlichen Sonne am Freibad neue Lebenskraft zu tanken. Die nächsten Tage waren dafür vorgesehen Ulla die Stadt Windhoek zu zeigen und die Orte, an denen ich mein Leben mit meiner Familie verbrachte. Dazu gehörte auch das Umfeld. Auf dem Flugplatzgelände von Windhoek, das nur 20 km in östlicher Richtung entfernt liegt, waren alle erforderlichen Einrichtungen wie Restaurant und Geschäfte zu finden. Die Woche verflog mal wieder viel zu schnell.

Ich wollte Ulla anschließend die außergewöhnlichen oder einmaligen Landschaften, wie das Khomas Hochland, so wie ich es erlebt hatte, zeigen. Ich suchte gute Bekannte auf, die in der Stadt eine Buchhandlung führten, um Hinweise auf weitere interessante Gebiete zu erhalten. Wir bekamen die Adresse der Gästefarm Hakos, die auf der Strecke zwischen

Windhoek und Walvis Bay, nicht weit vom Gamsberg, lag. Dort sollten wir uns telefonisch anmelden und von der Buchhandlung liebe Grüße ausrichten. Wir fuhren über die ausgebaute Zubringerstraße zum Khomas Hochland. Diese Region mit den vielen welligen Hügeln und tiefen Schluchten, die bei etwa 1600 m liegt, hatte einen großen Wildtierbestand, der sich zwischen Savannengebüsch und Bäumen aufhielt. Da es zudem Farmland war, konnten wir jedoch Nutztiere nur vermuten, da von der Straße aus manchmal Zäune zu erkennen waren. Für Touristen aus Europa ist dies eine andere Welt, da nicht nur die Einsamkeit, sondern auch die hohen Temperaturen Mensch und Landschaft beeinflussten. In der größten Mittagshitze gelangten wir zu unserem Zielpunkt, der Farm, deren Einfahrt durch ein einfaches Holztor mit einer Hinweistafel gekennzeichnet war. Am Ende des leicht ansteigenden Berghangs, in einer geschätzten Entfernung von etwa 500 m, erkannten wir einige Häuser zu denen ein für Autos befahrbarer Weg, mit Bäumen und Büschen gesäumt, führte. Dort angekommen, wurden wir von der Ehefrau des Farmers Walter freundlich empfangen. Ihr Mann verrichtete zu dieser Zeit Arbeiten im Farmbereich. Da keine weiteren Gäste auf der Farm waren, hatte die Farmersfrau Zeit, sich um uns zu kümmern. Wir hatten uns telefonisch als Camper angemeldet und wurden in einer wunderschönen Anlage 300 m entfernt vom Farmgebäude untergebracht. Es gab Standplätze für vier Campingwagen mit einem geschlossenen Toilettenhaus mit Dusche und Ofen. Um warmes Wasser zu bekommen, musste der Ofen angeheizt werden. Außerdem befanden sich dort eine überdachte Küche mit Stromanschluss und eine gemütliche Sitzecke. Der Platz war eingezäunt und mit Bäumen bewachsen, die genügend Schatten spendeten. Zentral gelegen wies diese Anlage auch noch einen Braaiplatz (Grillplatz)mit vielen Sitzgelegenheiten auf. Für Kinder hatte man einen Spielplatz geschaffen. Alles gefiel uns gut, alleine schon die außergewöhnliche Lage der Anlage reichte aus um zu bleiben. Wir hatten für eine Woche gebucht und die nächsten Gäste wurden erst zehn Tage später erwartet. In den Abendstunden besuchte uns der Farmbesitzer. Auf uns machte er einen angenehmen und netten Eindruck. Er erklärte, welche Sehenswürdigkeiten auf dem Farmgelände und in der Umgebung vorhanden waren. Am kommenden Wochenende mache er mit einigen Gästen aus Windhoek eine Tour Richtung Namib Wüste und zum bekannten Kuiseb Fluss und wir wären herzlichst dazu eingeladen. Seine Ehefrau würde sich sehr freuen, uns am nächsten Morgen zum Frühstück begrüßen zu dürfen. So wie sich der erste Tag entwickelte, würde es für uns ein angenehmer Aufenthalt auf dieser Gästefarm im Khomas Hochland.

Beim Frühstück mit den Eheleuten und den Kindern erfuhren wir, dass eine Schildkröte, die schon über 50 Jahre alt war und von den Kindern betreut wurde, auf dem Farmgelände verschwunden war. Bei unseren Wanderungen im Farmbereich würden wir vielleicht dieses Tier finden, versprachen wir den Kindern. Tatsächlich entdeckten wir die Schildkröte auf einem Weg. Ihre Durchschnittsgröße lag nach unserer Schätzung bei fast 50 cm und Ulla fotografierte sie natürlich. Wir hatten den Eindruck, dass das Tier mit seiner Freiheit in dieser Umgebung sehr zufrieden war.

Die Kinder des Farmers verlebten ihre Schulzeit im deutschen Schulinternat in Windhoek und kamen in den Schulferien oder auch an den Wochenenden nach Hause. Es gab noch die alternative Schulmöglichkeit, den Fernunterricht in Verbindung mit der Elternschaft und dem Schulamt aus Windhoek. Dabei würde alles über Telefongespräche und Zusendungen der Schulaufgaben per Post geregelt. Diese Unterrichtsart hatte sich bereits bewährt.

Aufgrund der Hitze verlegten wir unsere Aktivitäten in die frühen Morgenstunden. Wir konnten ja die Tage und Nachtzeiten nach unseren Vorstellungen einteilen, so dass wir auch den Sternenhimmel bewundern konnten. Für uns und vielen anderen war es der schönste Sternenhimmel der Welt. Wenn man auf dem Rücken lag, hatte man die Vorstellung, dass die Entfernung zu den Sternen so unmittelbar in der Nähe wäre, als befände man sich in einer Wunderwelt. Die große Milchstraße war greifbar nahe und blickte man in die südliche Richtung, erkannte man das Sternbild Kreuz des Südens. Die Menschen in Namibia lebten noch in einer Welt, die von der Umweltverschmutzung nicht ganz so stark beeinträchtigt war, fanden wir.

Am Wochenende brachen wir mit Walter und zwei weiteren männlichen Gästen zu einer Tagestour Richtung Kuiseb Fluss auf. Die Männer waren gute Freunde von Walter und nahmen jährlich an dieser Tagestour teil. Er machte mit uns eine Rundreise durch das Khomas Hochland und Ulla staunte über die vielen Rinderfarmen. Dazu erzählte er uns folgende Geschichte: Vor etwa zehn Jahren kam eine Familie aus Köln, um ihren Urlaub in Namibia zu verleben. Sie waren von Windhoek und dem Hochland so begeistert, dass sie eine Farm kauften und sie immer noch mit viel Begeisterung und Erfolg betrieben.

Wir fuhren am Brandbergmassiv entlang und erhielten eine bemerkenswerte Übersicht über das gesamte Gebiet. Die Straße verlief in Serpentinen auf dem zerklüfteten Steilabbruch zur Wüste und dem Kuiseb und führte uns bis zur Bruchkante. Von dort hatten wir einen großartigen Blick in die gewaltige Namib Wüste. Nach dem starken Niederschlag im Hochland führte der Fluss viel Wasser und wies eine starke Strömung auf. Dieser sonstige Trockenfluss war nun ein fließendes Gewässer in der Wüste. Nicht nur wir Menschen waren begeistert, sondern auch die Tier- welt. Große Herden von Springböcken, Kudus und Zebras zu beobachten, die in Richtung Kuiseb River zogen, um das erfrischende Wasser zu trinken, war ein wirkliches Erlebnis. Wenn der Jahreszeit entspre- chend der Regen im Hochland aussetzt, versiegt das Wasser im Kuiseb und es bildet sich wieder ein Tro- ckenfluss, bis die Regenzeit im nächsten Jahr erneut einsetzt. Touristen und auch interessierte Einheimi- sche konnten dann große Tierherden in der kargen Umgebung der Wüste beobachten, wenn der Fluss für kurze Zeit den Wildtieren frisches Wasser bot.

Am Ende der Woche verabschiedeten wir uns von der Farmerfamilie und der Belegschaft und fuhren in die Wüste, um einige Tage dort zu erleben. Mir war die Namib Wüste bekannt und so zeigte ich Ulla eine Welt, die nur aus Hitze und Lautlosigkeit bestand. In der Nacht konnte es sehr kalt werden, doch der Sternenhimmel blieb unbeschreiblich schön und interessant.

Unser nächstes Ziel war Walvis Bay und Swakopmund. Nicht weit von Walvis Bay befindet sich die Düne sieben, sie soll eine der höchsten Dünen der Welt sein. Diese wollten wir besichtigen und besteigen. Dazu hatten wir uns mit Kaltgetränken und meiner Kraftnahrung ausgerüstet. Es war ein anstrengender Aufstieg, da der Sand nachgab und wir doppelte Kraft einsetzen mussten. Die Sonne und der heiße Sand hatten eine konzentrierte Ausstrahlung, die es nicht einfacher machte. Trotz dieser Widrigkeiten erreichten wir die Höhe. Ulla hatte den Fotoapparat im Auto vergessen und war untröstlich nicht fotografieren zu können. Also nahm ich die steilste Seite der Düne und rutschte auf meinem leeren Rucksack sitzend bis zum ebenen Grund und holte den Fotoapparat. Der zweite Aufstieg gelang mir zügig und Ulla war erfreut mich wieder zu sehen. „Was ist vorgefallen, dass es so lange gedauert hat", meinte sie. Ich war einfach nur erstaunt und antwortete: „Nur die Düne." Sie selbst sah müde aus, bestimmt lag das am schwierigen Aufstieg. Sie machte einige Fotos und wollte dann zurück zum Auto. Der Rundfahrt durch Walvis Bay und meinen Erklärungen zeigte Ulla viel Beachtung und bestaunte die Hafenanlage und Fischfabriken. Auf der Strecke nach Swakopmund schlief sie jedoch ein und ich musste sie nach unserer Ankunft ins Bett bringen. Erst am nächsten Morgen wachte sie etwas verstört auf.

Für 11.00 Uhr hatte ich vorsorglich bei einem mir bekannten Arzt für Ulla einen Termin besorgt. Nach der Untersuchung besserte sich jedoch ihr Zustand und wir machten einen ausgiebigen Stadtbummel. Ich zeigte Ulla alle Plätze aus meinen wichtigen Lebensabschnitten der vergangenen Zeit. Anschließend sprangen wir am Sandstrand in die erfrischenden Meeresfluten und genossen nach der Schwimmeinlage ein Sonnenbad. Zum Abendessen waren wir bei Freunden eingeladen. Ulla wollte sich vorher etwas ausruhen, legte sich hin und schlief ein. Ohne Erfolg versuchte ich später sie zu wecken. Das Abendessen bei meinen Freunden sagte ich ab und gesellte mich etwas besorgt zu ihr um sie zu beobachten. Ich suchte nach einem Vergleich zu meiner Malariaerkrankung. In Namibia und Südafrika traten diese Krankheiten nicht auf, vielleicht aber doch im nördlichen Teil der Länder. An den Grenzen von Angola und Mosambik wäre es möglich, da in diesen Ländern subtropische Gebiete vorhanden sind, in denen

Anopheles-Mücken diese Krankheit verbreiten und auch ich hatte mir damals die Malaria dort eingefangen. Nach der durchschlafenen Nacht fühlte Ulla sich wieder gut und als wir später nochmals den Arzt aufsuchten, gab er zu verstehen, wir sollten nach Durban um einen Facharzt zu konsultieren. Sie hätte keine Malaria, sondern es könnte die verstärkte Sonneneinwirkung die Ursache sein, die ihren Zustand zeitweise veränderte. Ich wollte besorgt so schnell wie möglich Durban erreichen. Auch hatte ich mich schon mit dem Gedanken vertraut gemacht, Ulla mit dem Flugzeug nach Durban zu schicken. Aber ihr Zustand normalisierte sich, sodass bei mir Zweifel aufkamen. Ich machte ihr deshalb den Vorschlag, die schnellste Strecke von Swakopmund nach Durban auf der Karte zu suchen.

Es gab folgende Möglichkeiten:

Strecke 1:

Von Swakopmund über Windhoek zur Grenze bei der Ortschaft Gobabis und dann durch das für uns noch unbekannte Land Botswana. Nach dem Grenzübergang zu Südafrika weiter an Johannesburg vorbei und auf der Schnellstraße über Harrismith nach Durban.

Strecke 2:

Diese für viele Südafrikaner als normale Strecke geltend, verläuft von Swakopmund über Windhoek bis Karasburg. Von dort wären es nur noch einige Kilometer bis zur Grenze nach Südafrika. Dann bis Upington weiter nach Bloemfontein bis Harrismith und über die Schnellstraße, die nach Durban führt.

Wenn man als Südafrikaner in Namibia seinen Urlaub verleben oder Verwandte besuchen möchte, kommt es einem wie eine Fahrt in eine südafrikanische Provinz vor. Man fährt über Upington nach Namibia. Die Grenzkontrolle wurde 1990 eingeführt und stellte für Reisende aus Südafrika kein großes Problem dar, da sich die Geldwährung bis dato nicht verändert hatte und es gab auch keinen Preisanstieg bei den Lebensmitteln und dem Kraftstoff. Wir entschlossen uns, die Rückfahrt durch das für uns noch unbekannte Land Botswana zu nehmen, da die Entfernung nach Durban kürzer war. Unsere Vorbereitungen waren schnell abgeschlossen und wir verließen Swakopmund zeitig am Morgen. Gegen 17.00 Uhr waren wir im Ort Gobabis und eine Stunde später an der Grenze zu Botswana. Unweit vor der Grenze fanden wir eine Unterkunft. Wir erhielten die Auskunft, dass die Passkontrolle auf der Seite von Botswana erst um 10.00 Uhr öffnete, da nur ein schwacher Grenzverkehr bestand. Am nächsten Tag waren wir die einzigen Personen, die die Grenze nach Botswana überschreiten wollten.

Die Autofahrt durch Botswana bot für uns nur einen Höhepunkt. Am Gemsbok Nationalpark erblickten wir tausende Störche aus Nordeuropa in den Bäumen und Sträuchern, die hier ihre Sommerzeit verlebten. Bestimmt waren auch einige Tiere dabei, die ihren Stammplatz in Deutschland hatten. Sobald wir in Südafrika waren, stellte sich bei uns das Gefühl ein, dass wir wieder Zuhause waren. Später erfuhren wir, das Botswana eine tolle Safarigegend besitzt, die allerdings in einem anderen Landesteil liegt.

Das Land Botswana hatte eine demokratische Regierung und befand sich nicht unter der Abhängigkeit der kommunistischen Chinesen wie Südafrika, Namibia oder andere afrikanischer Staaten. Aufgrund seiner erfolgreichen Diamantenindustrie wies das Land eine starke Wirtschaftskraft auf und setzte diese für seine Bevölkerung ein. Man könnte das Land als Vorbild für alle anderen Staaten in Afrika hervorheben.

An der Grenzkontrolle zu Südafrika nannte man uns eine gute und günstige Pension, in der wir auch übernachteten. Die Betreuung in dieser Unterkunft war vorbildlich und wir waren am Morgen sehr gut ausgeschlafen. Ulla fühlte sich wieder gesund und für neue Abenteuer bereit. Die Fahrt nach Durban entfaltete sich dann tatsächlich zu einem Abenteuer, da uns im Bereich von Ladysmith bis Pietermaritzburg ein Gewitter mit starken Regenfällen begleitete. Wir erreichten unser Zuhause in Westville/Durban erst gegen 2.00 Uhr in den Morgenstunden. Einige Stunden später suchten wir einen Facharzt auf. Er konnte keine Erkrankung bei Ulla mehr finden.

Als Ulla später in Deutschland von ihrem gesundheitlichen Problem berichtete, stellte ihre Mutter wohl die richtige Diagnose: „Auf der hohen Sanddüne bei Walvis Bay hattest du dir wahrscheinlich einen Sonnenstich zugezogen.“

Von Marcelle erfuhren wir dann, dass ihr Bruder Storm als Sicherheitsberater auf einem Schiff angeheuert hatte, das sich auf dem Weg zum Horn von Afrika befand, um Handelsschiffe gegen angreifende Piraten zu schützen. Zuerst war ich völlig entsetzt und verurteilte Storms Entscheidung. Dann überlegte ich, was ich selbst in meinem Leben so alles oder welche verwegenen Handlungen ich gemacht hatte und dachte: „Wie der Vater so der Sohn. Wenn es in meinen jüngeren Jahren solch ein Angebot gegeben hätte, ich hätte mich auch zu dieser Kampfeinheit gemeldet.“ Trotz aller Ängste, die mich bedrängten, war ich insgeheim stolz auf meinen Sohn. Zum Glück kam das Schiff nur bis Tansania und wurde dort von den Behörden gestoppt. Der Schiffsbesitzer war wegen Betrug festgenommen worden. Er hatte beim Kauf des Schiffes einen gefälschten Scheck ausgestellt. Die Schiffsbesatzung und die Sicherheitsbeauftragen wurden mit dem Flugzeug nach Durban zurückgebracht.

Storm erfuhr später, dass sich der Besitzer in seiner Gefängniszelle das Leben nahm.

Als Storm wieder unbeschadet bei uns war, flogen wir gemeinsam mit ihm nach Deutschland. In Südafrika stand die Winterzeit vor der Tür und mein Sohn brauchte eine Auszeit, um sich zu erholen. In Deutschland zeigte sich das Wetter in dieser Periode von seiner besten Seite. Als es jedoch auf die Sommerzeit in Afrika zuging, war Storm bereits wieder guter Dinge.

19. Hin und Her

Somit siedelten wir wie gewohnt für die nächsten Monate um. Wir waren erst einige Tage in Durban, als Storm das Angebot von Gerold, dem Ehemann der Mitbesitzerin Debby vom Café Fish erhielt, eine verantwortungsvolle Arbeit für ihn zu erledigen. Gerold suchte Mitarbeiter mit Durchsetzungsvermögen und dachte dabei an Storm. Auf der Strecke nach Johannesburg war bei der Ortschaft Estcourt eine Ölpipeline beschädigt worden und das auslaufende Öl hatte die Umgebung bereits verseucht. Storm sollte sofort mit einem Arbeitskommando diese Unfallstelle absichern und den Schaden beheben.

Ich selbst kannte Debbys Mann als erfolgreichen Geschäftsmann und zuverlässigen Menschen und ermunterte meinen Sohn, die Arbeit anzunehmen. Am darauffolgenden Wochenende fuhr ich ebenfalls mit Ulla nach Estcourt, um die Katastrophe zu begutachten. Erstaunt betrachteten wir, welch hervorragende Arbeit Storm mit seinen Männern leistete.

Als der Schaden behoben war, wollte Storm einen neuen Arbeitsbereich finden. Noch von Durban aus bewarb er sich beim Reiseunternehmen TUI. Sie suchten einen Sicherheitsoffizier für ein Schiff, das touristische Seefahrten durchführte. Als er eine Einladung zu einem Vorstellungsgespräch erhielt, machte er sich auf den Weg nach Deutschland.

20. Storm wurde sesshaft

Von dem Stellenangebot von TUI zeigte sich Storms Sohn Lenny alles andere als begeistert. Er vermisste und brauchte seinen Vater und wollte nicht, dass dieser weiter auf Reisen ging, zumal er ihm ja vorher einmal versprochen hatte, dass er in Deutschland bleiben würde. Deshalb bewarb sich Storm auf weitere Stellenangebote und schlussendlich nahm er bei einer Sicherheitsfirma in Aachen eine Stelle an und ist heute noch bei dieser Firma beschäftigt. Er lernte Tina kennen, die seit vielen Jahren als Bankkauffrau bei der Sparkasse in Aachen angestellt war. Die Monate vergingen und mein Sohn hatte also sein Leben in Deutschland privat und auch beruflich eingerichtet. Er hielt sein Versprechen gegenüber Lenny ein.

Zunächst zog er mit Tina in eine gemeinsame Wohnung in der Ortschaft Breinig bei Stolberg. Endlich hatte er die Frau gefunden, nach der er lange gesucht hatte und mit der ein glückliches Zusammenleben für ihn möglich schien. Mit ihr wollte er eine Ehe eingehen. Die beiden kauften dann ein Haus mit einem großen Garten in Zweifall bei Stolberg.

Der Monat August zeigte sich in dem Jahr seiner Hochzeit von seiner besten Seite. Zur Hochzeitsfeier waren alle Familienmitglieder, Freunde, Arbeitskolleginnen und -kollegen, insgesamt über 130 Personen, eingeladen

Bei schönem Wetter startete am Nachmittag die Trauung von Storm und Tina in einem großen Zelt, dass für diesen Anlass im weitläufigen Garten des bekannten Kupferhofes in der Stadt Stolberg aufgebaut war. Nach einer einfühlsamen Zeremonie bewegten sich alle zu den gedeckten Tischen in den Räumen und verspeisten das köstliche Hochzeitsmenü. Das Hochzeitpaar wurde später mit passender Musik zum Hochzeitstanz aufgefordert. Viele ältere Personen befanden sich mit auf der Tanzfläche. Bestimmt erinnerten sie sich bei ihrem Tanz an die glückliche Zeit ihrer eigenen Hochzeit. Eine Kapelle spielte weiter moderne Tanzmusik, die fröhlich zum Tanzen aufforderte. Die Hochzeitsgäste konnten auch im Park spazieren gehen oder in einem kleinen Zimmer Kaffee und Kuchen genießen. In einer anderen Räumlichkeit gab es die Möglichkeit, sich an der Bar zu treffen und bei Getränken zu unterhalten. Die Feier endete erst im Morgengrauen und die Gäste fuhren mit dem Taxi nach Hause.

21. Eine Zeitspanne schlechter Nachrichten

Es folgte eine Zeit unerwarteter und trauriger Nachrichten für uns. Eine schockierende Mitteilung traf für mich und die Kinder unerwartet ein. Juanita war im März verstorben. Sie hatte zwar gesundheitliche Probleme, die uns bekannt, aber bisher nicht bedrohlich waren. Ihr größtes Laster war immer schon das Rauchen. Es gehörte einfach zu Juanitas Leben und dies hielt sie bis zu ihrem Tod bei.

Juanita starb in einem Krankenhaus im nördlichen Teil der Drakensberge, in der Nähe der Ortschaft Bergville an Lungenkrebs. Ihr Körper wurde nach Durban überführt und eingeäschert. Storm flog zur Beerdigung bzw. Einäscherung zu uns nach Durban. Mittlerweile war jedoch meine Aufenthaltszeit für Südafrika abgelaufen und ich beantragte eine Verlängerung. Ulla war in Deutschland geblieben, da für uns u.a. ein Umzug in eine andere Wohnung anstand, den sie betreuen wollte.

Bei der Einäscherung waren nur die Kinder und nahestehende Angehörige zugegen. Vorher fand eine Trauerfeier in einer kirchlichen Einrichtung statt. Die Urne stellte Marcelle zuhause an einen vorbereiteten Platz ab. Solche Maßnahmen waren in Südafrika erlaubt. Die Verstreuung der Asche von einem Schiff aus in den Indischen Ozean fand zu diesem Zeitpunkt noch nicht statt, da Marcelle sich von der Asche ihrer Mutter nicht trennen konnte. So flogen Storm und ich gemeinsam zurück nach Deutschland.

Ich war froh, dass ich es mit viel Glück geschafft hatte, mich von der Zigarettensucht zu befreien, der ich früher auch einmal verfallen war.

Eine weitere traurige Nachricht erreichte uns etwas später in Deutschland. Ludolf, der geschiedene Ehemann von Ulla war ebenfalls verstorben. Ludolf lebte schon in einem Altersheim und sein Gesundheitszustand war zuletzt kritisch. Nach Aussage der Ärzte starb er an Herzversagen.

Etwas später verlor Ulla ihre Mutter, die allerdings schon ein hohes Alter erreicht hatte. Sehr traurig und belastend war jedoch auch der Tod ihrer jüngeren Schwester für Ulla.

22. Ein ganzes Jahr Sommer

In den folgenden Jahren verbrachten Ulla und ich regelmäßig eine Hälfte eines Jahres in Afrika oder Deutschland. Wir planten häufig im Voraus, welche weiteren Regionen ich ihr in Afrika zeigen wollte. Durch die Reisen wurden wir mit dem unbekannten Land und seinen vielseitigen Angeboten noch vertrauter. Die Drakensberge liegen für uns praktisch in Durban vor der Haustür und wir konnten jederzeit Kurzreisen dahin unternehmen. Zudem lebten Familienmitglieder und auch Freunde in den wunderschönen Bergen, die wir jederzeit besuchen konnten.

Eine Fahrt in den Süden oder Norden Südafrikas verlangte jedoch eine aufwendigere Vorbereitung. Um die Gebiete oder Städte zu erreichen, die wir kennen lernen wollten, mussten wir drei bis vier Wochen für die Vorbereitung einplanen.

Eine größere Tour starteten wir von Durban aus in südlicher Richtung zum Badeort Port Shepston und übernachteten dort in der Parkanlage des Spielkasinos nicht weit vom Strand entfernt in unserem Fahrzeug. Dann ging es weiter nach Port Elizabeth, da dort die Garden Route beginnt. Die mir bekannte Autostrecke verlief über Kokstad in der Transkei, der Hauptstadt Umtata bis nach Port Elizabeth. Wir besuchten den Addo Elephant Park mit seinen über 400

Elefanten und Ulla bewunderte überwältigt die großen Herden. Für mich bedeuteten sie einen bekannten Anblick. Zu früherer Zeit hatte ich in Rhodesien sehr große Elefantenherden gesehen. Wir nutzten die angebotenen Übernachtungsmöglichkeiten aus und verbrachten zwei Tage im Park um die afrikanische Tierwelt zu beobachten. Dann führte uns der Weg über eine hochliegende Straßenbrücke, die den Fluss mit dem Namen „Storm River" überquerte. In der Mitte der Brücke stoppte ich, wir stiegen beide aus und ich spuckte dann dreimal in Richtung Fluss, was uns auf der Weiterfahrt im südlichen Afrika viel Glück bringen sollte. Juanita hatte unserem Sohn den Namen Storm gegeben, den ich sehr passend und auch außergewöhnlich gut fand. Und nun trafen Ulla und ich auf einen Fluss der so hieß.

Wir erreichten die Lagunenstadt Knysna und waren beeindruckt von der Waterfront und dem Umfeld mit seinen bewaldeten Hügeln und dem angenehmen Klima. Etwas außerhalb der Kleinstadt fanden wir eine Unterkunft, die ein Schlafzimmer mit Toilette, Dusche und einer Gemeinschaftsküche zu einem günstigen Preis anbot. Wir verweilten vier Tage und trafen tatsächlich auf einer unserer Rundwanderungen in der Hafenanlage auf mein Boot. Den Namen des Bootes hatte der Besitzer ebenfalls geändert. Hoffentlich erlebte er aufgrund dessen nicht solch eine schlimme Zeit, wie ich sie mit dem Boot erlebt hatte.

Auf der Weiterfahrt verließen wir die Garden Route bei der unscheinbaren Ortschaft George Oudtshoorn. Und nach ca. 30 km Fahrt wechselten wir auf die Strecke zur Kleinstadt Graaff-Reinet. Dabei durchquerten wir die Karoo Bergzüge und Schluchten und kamen nach Nordosten durch die Halbwüste der Karoo, einer offenen, mit Bergen versetzten Landschaft. Einige Schilder verwiesen auf Straußenfarmen und luden zu einer Besichtigung ein. Besonders in der Karoo werden diese Tiere gezüchtet. Die Federn verarbeitete man z. Bsp. als Schmuck in der Modeindustrie und das Straußenfleisch wird als cholesterinarmes Fleisch angeboten. Aus Südafrika exportiert man Strauße in alle Welt und sogar bei uns in Deutschland werden sie gezüchtet. Wir wollten die Tiere Afrikas jedoch in der freien Wildbahn erleben und nicht als Zuchtobjekte auf einer Farm oder in einem Zoo betrachten. Darum kamen wir diesen Einladungen nicht nach.

Der große Vogel Strauß ist nicht flugfähig, sondern kann nur sehr schnell laufen. Erwachsene Strauße können eine Geschwindigkeit von 70 km/h erreichen. Er wird bis etwa 2,50 m groß und wiegt ca. 150 kg. Er ist so kräftig gebaut, dass ein Mensch darauf reiten kann. Kommt ein Feind in seine Nähe, kann sein Tritt sogar einen Löwen töten. Zusammen hatten Ulla und ich bereits welche in der freien Wildbahn der Drakensberge gesehen.

In den späten Abendstunden erreichten wir Graaff-Reinet am Sundays River und fanden eine geeignete Stelle auf dem Campingplatz. Die Stadt wird vom Camdeboo National Park umrundet und hat einen Stausee zur notwendigen Wasserversorgung. Den schönsten Blick auf Graaf-Reinet erhält man von den Hügeln des Nationalparks aus und dort erlebten wir einen wunderbaren Sonnenuntergang. Das touristische Zentrum weist eine große imposante Kirche und viele alte Bauten aus der viktorianischen Zeit auf. Die Stadt und das Umland beeindruckten uns so, dass wir fünf Tage blieben. Bei einer Wanderung legten wir über 50 km zurück und bei der großen Hitze hatten wir diesmal nicht genügend Trinkwasser mitgenommen, was uns körperlich Gott sei Dank nicht beeinträchtigte.

Über Middelburg und De Aar führte unsere Reise danach zur Bergbaustadt Kimberley, der Hauptstadt der Provinz Nordkap. Für drei Tage trugen wir uns auf dem Campingplatz ein. Ich zeigte Ulla das größte Tagebauloch (Big Hole), das je von Menschenhand gegraben und in dem bis zum Jahr 1914 2700 kg Diamanten gefördert wurden. Ebenso besuchten wir das Bergbau- und Freiluftmuseum und konnten von einer Aussichtsplattform einen Blick in die riesige Vertiefung werfen. Ihr Umfang beträgt 1,6 km, der Durchmesser liegt bei 460 m und sie ist bis 240 m tief. Das riesige Loch ist teilweise mit Grundwasser gefüllt. Im Museum erfuhren wir, dass der Abbau dort im 19. Jahrhundert erfolgte und über 40 Jahre andauerte. 1914 wurde er eingestellt. In Kimberley werden jedoch heute noch im Untertagebereich Diamanten abgebaut.

Auf unserer Rückfahrt besuchten wir wieder kurz Juanitas Bruder Liege in der Ortschaft Geluksburg. Er arbeitete mittlerweile als Manager auf einer Farm. Wieder in Durban begrüßte uns, wie immer in letzter Zeit, Alec freudig. Unsere Aufenthaltszeit war schnell abgelaufen und wir flogen zurück nach Deutschland.

23. Eine Neuerung für Ulla

Eine tolle Überraschung wartete bereits hier auf Ulla. Ihr Sohn Sascha war in der Zwischenzeit Vater geworden und damit veränderte sich die Welt für Ulla. Sie war nun eine stolze Oma und zu neuen Aufgaben bereit.

Mit Ulla hatte ich im Ortsteil Würm, einem Vorort von Geilenkirchen, ein Haus gemietet. Ihr Sohn wohnte mit seiner Familie nur einen Kilometer entfernt und Ulla hatte die Möglichkeit, die kleine Liara oft zu sehen und auch zu betreuen. Der Kindergarten und auch später die Schule lagen von unserem Haus fast in Blickrichtung, also in unmittelbarer Nähe.

Im Herbst darauf begab ich mich ausnahmsweise alleine nach Südafrika und verbrachte meine Zeit mit der Durchführung kleiner Veränderungen und auch Reparaturen am Ferienhaus. Mein Enkel Alec besuchte den Kindergarten und in den späten Nachmittagsstunden nach seiner Rückkehr tummelten wir beide ausgelassen im Schwimmbad.

Mit Charly, dem jüngeren Bruder meines Schwiegersohnes Cliff, fuhr ich einmal nach Geluksburg zu Liege auf die Farm. Charlys Hobby war neben seiner Tätigkeit als Discjockey in verschiedenen Lokalen von Durban das Angeln. Die Flüsse und Seen in den

Drakensbergen boten die besten Möglichkeiten Fische zu fangen. Früh morgens fuhren Charly und ich mit seinem Auto von der Farm zum Royal Natal Nationalpark. Ein großer Caravan Park, ein Campingplatz sowie kleine Hütten als Ferienwohnungen befanden sich dort. Weiterhin gab es ein gut ausgebautes Schwimmbad und einen Discounter für Lebensmittel. Unsere Wege trennten sich. Charly wollte seine Angel im Tugelafluss auswerfen, der, vom Amphitheater kommend, direkt am National Park vorbei rauschte. Ich wollte mich im Park bewegen und die umliegenden Berge besteigen. Mein Ziel war eine Plattform, der höchste Punkt des Amphitheaters, einer gewaltigen Felswand mit einer Höhe von ca. 1000 m und einer Länge von fünf km. Dort wollte ich eine Nacht verbringen. Über die Kante stürzt der Tugela über mehrere Stufen ins Tal, bis er nach über 300 km in den Indischen Ozean mündet. Der Wasserfall gilt als der dritthöchste in der Welt. Von der Kante der Felswand aus zieht sich eine ebene Fläche etwa einen km nach Westen bis zur Grenze nach Swasiland. Im Berg Mont-Aux-Sources entspringt der Fluss. Der Tugela Gorge Walk soll einer der schönsten Wanderwege im südlichen Afrika sein. Park Ranger kontrollierten den gut organisierten Park. Jeder Besucher musste sich bei einem Aufenthalt dort anmelden und dabei den Grund dafür angeben.

Ich entschied mich für die kürzere Strecke zum Plateau, die ich kletternd bezwingen musste und entsprechend Kraft und Konzentration erforderte. Nach etwa zwei Stunden erreichte ich einen Pfad, der in nördlicher Richtung der gewaltigen Felswand verlief und bei einem hohen Berg das Ende des Felsen erkennen ließ. Dort hing eine Kettenleiter von etwa 50 m Länge, die ich benutzen musste, um die Felskante zu erreichen. Nach dem Aufstieg führte ein langer und steiler, mit Seilen abgesicherter Pfad zur Kante steiler Klippen. Ich wanderte daran entlang, bis ich die Stelle erreichte, an der der Tugela in die große Tiefe stürzte. Es war ein gewaltiger Anblick, den ich nicht vergessen werde. In einer Entfernung von ungefähr 300 m Richtung Lesotho sah ich eine kleine Hütte mit einem flachen Dach. Bevor ich weiter ging, baute ich schnell mit flachen Steinen eine kleine Pyramide, die mir Glück in meinem weiteren Leben bringen sollte. Die kleine Hütte erreichte ich kurz darauf. Sie bestand aus Steinen, die zur Genüge in dieser Umgebung zu finden waren. Anstelle von Fenster befanden sich nur kleine Sichtluken an den Wänden. Die Tür war aus dicken Brettern angefertigt und konnte nicht verschlossen werden. In der Hütte gab es Platz für maximal drei Personen. Für eine Übernachtung standen in einer Ecke Bretter, die man als Unterlage zurechtlegen konnte. Ich hatte meinen

Schlafsack und meine Notausrüstung, wie Verbandzeug, Streichhölzer, Messer und meine obligatorische Kraftnahrung dabei. Nach einem Rundgang von einigen Kilometern richtete ich mich vor Einbruch der Dunkelheit für die Übernachtung in der Hütte ein. Die Tür verschanzte ich so, dass ein Betreten von außen nicht möglich war. Ich hatte einen geruhsamen Schlaf. In den Morgenstunden blitze das Sonnenlicht durch eine der Sichtluken und wünschte mir einen „Guten Morgen". Gewaschen hatte ich mich mit dem Wasser des Tugelas und beim Frühstücken genoss ich einen herrlichen Blick aus großer Höhe in das Land meiner Träume. Der Rückweg entsprach der Hinwegstrecke. An verschiedenen Stellen legte ich eine Pause ein und genoss die klare Luft der Bergwelt mit ihrer außergewöhnlichen Fernsicht. Am Eingangstor zum Royal Natal Nationalpark erwartete Charly mich bereits. Er hatte in seinem Auto einen großen Eimer voll gefangener Fische. Unser Aufenthalt war beendet und ich meldete mich im Parkbüro ab.

Liege briet am Abend auf der vorbereiteten Feuerstelle in der Gartenanlage der Farm die Fische und wir aßen sie mit großem Appetit. Am folgenden Tag fuhren Charly und ich nochmals zum Tugela und er machte erneut einen reichhaltigen Fang. Charly war ein exzellenter Angler, der diesen Sport mit großer Hingabe ausführte. Leider starb Charly viel zu früh an einer unbekannten Krankheit, worüber alle die ihn kannten und schätzten sehr betrübt sind.

24. In Kapstadt

Das Leben für uns ging weiter und Ulla und ich schränkten unsere Reisen in das südliche Afrika nicht ein oder brachen sie ab. Wir beide hatten zwar schon ein gesetzteres Alter um die 70 Jahre, fühlten uns aber geistig und körperlich fit und gesund. Dass sich dies eines Tages einmal für uns ändern könnte, war uns noch nicht bewusst oder wir verdrängten wohl diese Gedanken.

Einmal traten wir bei unserem Afrikaaufenthalt die Reise von Durban nach Kapstadt mit dem Flugzeug an. Im Vorfeld hatten wir nicht weit entfernt von der berühmten Breiten Straße eine Pension gebucht, die von einer deutschen Familie geleitet wurde. Dort angekommen, waren wir entsetzt über den Zustand der Pension, die an einer sehr stark befahrenen Autostraße lag. Es gab nur kleine Einzelzimmer ohne Bad oder Dusche, die äußerst spärlich eingerichtet waren. Zum Kochen musste eine Gemeinschaftsküche benutzt werden, die lediglich einen kleinen Kühlschrank vorwies. Der Aufenthaltsraum war sehr klein und ein nicht funktionierendes Fernsehgerät stand darin. Es fehlte eine Gartenanlage zur Entspannung und ein Schwimmbad. Dieses Haus fanden wir katastrophal. Die junge Frau am Empfang erzählte uns, dass sie bereits ihre Kündigung erhalten hatte, da sie mit den gebotenen Umständen des Hauses nicht einverstanden war und dies dem Besitzer gegenüber geäußert hatte. Sie gab uns den Hinweis zu einer Unterkunft in der nahen Hof Street. Es handelte sich dabei um die Ashanti Lodge Gardens, die von Backpackern gemanagt wurde. Wir bedankten uns und hatten nach ca. 20 Minuten Fußweg die neue Adresse erreicht. Ein großes viktorianisches Herrenhaus mit einem wunderschönen, großen Garten mit Schwimmbad und einem Parkplatz für Pkw trafen wir an. Allein dieser Anblick ließ uns hoffen, die richtige Unterkunft gefunden zu haben. Unsere Erwartung erfüllte sich und wir erhielten ein Apartment, dass unserer Vorstellung voll entsprach. Es lag in einem zweiten Haus in einer ruhigen Gegend 200 m vom Hauptgebäude entfernt. Wir hatten ein Wohnschlafzimmer mit TV, Radio, einem kleinen Kühlschrank und einer Airconditionanlage. Ein kleiner Schreibtisch und ein Safe, um Wertsachen sicher unterzubringen, standen uns ebenfalls zur Verfügung. Neben dem großen Bett gab es eine gemütliche Sitzecke, außerdem ein zweites Zimmer und auch eine Toilette, Waschgelegenheit und eine Dusche. Eine gut eingerichtete Küche konnte von allen Bewohnern genutzt werden. Das Essen, insbesondere das Frühstück, nahmen wir auf einer überdachten Terrasse ein. Außerdem erhielten wir einen Zentralschlüssel, um beim Verlassen der Wohnanlage alles zu verschließen. Während unserem mehrtätigen Aufenthalt waren wir die einzigen Gäste und so genommen bewohnten wir ein schönes Haus mit allen sich bietenden Vorteilen zu einem sehr günstigen Preis.

Im Büro wurden uns unsere Fragen über Sehenswürdigkeiten in Kapstadt ausführlich erläutert, Termine festgelegt und Rundreisen angeboten. Wir sollten unbedingt die seit 1985 wieder ausgebaute Hafenanlage besuchen. Dieser Platz war nicht mehr als Hafen genutzt worden und verfallen. Später wurde er wieder ausgebaut und erhielt den Namen „Waterfront". Heute ist die Anlage die größte Attraktion Kapstadts mit über 50 Restaurants und Kneipen, vielen Geschenkeläden, exzellenten Designer Boutiquen und Hotels. In einem Aquarium kann man solche Fische lebend betrachten, die im südlichen Teil von Südafrika im Indischen und Atlantischen Ozean zu finden waren. Auch ein Museum mit historischen Schiffsmodellen gab es. Im Hafen konnte man Bootsausflüge mitmachen.

Es war Sommerzeit in Kapstadt und wir hatten uns vorgenommen, täglich die Höhepunkte der Stadt zu erkunden. Dafür besorgten wir uns Reiseberichte über die Stadt und studierten sie. Am ersten Tag spazierten wir frühzeitig durch den großen Stadtpark, dann durch die Innenstadt mit ihren Hochhäusern und schönen alten Bauten bis zur Waterfront. Begeistert bummelten wir über die geschmückten Fußwege und kleinen Brücken zur Waterfront. Sie ist ein Highlight für Touristen und für die Stadt ein gutes Geschäftsmodell. Wenn wir einen Vergleich zwischen Waterfront und der Innenstadt von Kapstadt ziehen müssten, dann hätte die Innenstadt für uns eine höhere Qualität. Hier findet man kleine Bereiche, die Wohlbefinden und Gemütlichkeit ausstrahlen. Wir konnten den imposanten Tafelberg in voller Pracht sehen, wenn er nicht gerade durch Wolken verdeckt war und sein „Tischtuch" aufgelegt hatte.

Für eine größere Tour war es bei der Rezeption der Backpacker eine Notwendigkeit, sich abzumelden, um bei Unfällen im Berg gegebenenfalls Erste Hilfe zu erhalten. Also meldeten wir uns ab, da wir zu Fuß die Platteklip Gorge Wanderung zur Plattform des Tafelbergs machen wollten. Den Einstieg an der Talstation ließen wir aus und wanderten von unserer Unterkunft aus zur Platteklip Schlucht und dort begannen wir unseren Einstieg zur Tour. Für die Wanderung bis dahin brauchten wir ca. drei Stunden, denn wir gaben uns die Zeit, die Aussicht zur Innenstadt mit Waterfront und Hafen sowie dem großen

Stadion von Cape Town, das zur Fußballweltmeisterschaft 2010 gebaut wurde, zu genießen. Von Anfang an ging es sehr steil auf vielen kleinen und großen Stufen bergauf, bis sich der Weg in Serpentinen windete und wir mehrmals Pausen einlegen mussten um zu verschnaufen. Unsere Ausrüstung hatten wir den Umständen angepasst, da wir vom Personal der Backpacker hervorragend instruiert wurden. Als schon erfahrene Bergwanderer hatten wir uns angemessen gekleidet. Und natürlich packten wir diesmal genügend Trinkwasser und Kraftnahrung ein.

Nach ca. zwei Stunden ließen wir die Schlucht hinter uns und erreichten den Weg, der zum Plateau und der Seilbahnstation führte. Es war schon ein tolles Gefühl den Berg bezwungen zu haben, auch wenn er nur 1086 m hoch ist. Er dient als Wahrzeichen Kapstadts und bei gutem Wetter können ihn die Seefahrer aus 100 km Entfernung erkennen. Die Plattform verließen wir mit der Seilbahn und gingen entspannt den Weg zu unserer Unterkunft zurück. Auf dem Rückweg kamen wir auch an der Pension vorbei, in der ich während der Zeit mit Juanita und den Kindern einen Urlaub in Kapstadt verlebte.

Als nächste Attraktion sollte es der Botanische Garten sein und den erreichten wir mit dem Bus, um gestärkt die große Anlage zu besichtigen. Die Fläche von ca. 600 Hektar liegt am Osthang des Tafelberges mit einem Anstieg von 100 bis 1000 m. Aufgrund der unterschiedlichen Höhenlagen gibt es mehrere Lebensräume für bestimmte Pflanzen. Zu empfehlen ist der Besuch der Heidegärten, das Tal des Farnkrauts, der Steingarten und die subtropische Pflanzenwelt. Ein Baumwipfelpfad hat eine Höhe von über 10 m. Er ist dem Skelett einer Schlange nachempfunden und windet sich über 130 m durch die Landschaft. So war der Botanische Garten in unserer Vorbereitungsbeschreibung dargestellt. Wir finden, er ist eine der schönsten Gärten der Welt. Nicht nur einheimische Pflanzen und die Nationalpflanze Protea sind dort anzutreffen. Unsere Zeit war schnell fortgeschritten und wir bestiegen den Bus mit dem offenen Deck. Wir nahmen so Platz, dass das Umfeld in unserer Blickrichtung lag. Auf dieser Fahrt verkündete der Busfahrer, dass wir an einem 300 Jahre alten Weingut vorbeifuhren, in dem ein vorzüglicher Wein gekeltert wurde. Wir hatten dieses Weingut auf dieser Tour nicht vorgesehen und fuhren zur Siedlung Hout Bay. Dort kehrten wir im bekannten Fischrestaurant Godfather ein und genossen ein vorzügliches Essen mit viel wohlschmeckendem und frischem Fisch. Nach dem Essen machten wir einen ausführlichen Spaziergang am breiten Strand.

Es gibt wunderbare Strände in Südafrika, die auf vier Abschnitte verteilt sind und jeder besitzt ein besonderes Flair. Die Strände erreichte man von der Hauptstraße aus über nach unten führende Treppen zu Fuß. Parkplätze für Pkws waren nicht vorhanden. Die wunderschönen Häuser oder Villen liegen meist oberhalb der Straße und von dort hat man einen perfekten Ausblick auf das Meer.

Da es sehr warm war, schwammen wir in dem für uns kalten Meerwasser. Wenn man das Strandleben so betrachtete, konnte man keinen Unterschied zwischen Arm und Reich erkennen. Die Menschen schwammen lustig im Wasser des Atlantischen Ozeans oder lagen in der Sonne. Nach dieser Erfrischung wollten wir mit dem Bus in die Wohngegend, in der die reichen Südafrikaner wohnen. Clifton ist das nobelste und teuerste Wohnviertel von Kapstadt. Hier leben zum Großteil nur Weiße, aber auch einige Schwarze, die sehr reich sein sollen. Der Stadtteil Clifton hat eine atemberaubende Lage an dem sanft ablaufenden Ausläufer des Lion's Heads. Dieser Berg wird so genannt, weil er zusammen mit dem Berg Signal Hill das Aussehen eines liegenden Löwen haben soll. Aufgrund der guten Wetterlage und den vielen Angeboten hatten wir unsere Besichtigungsschwerpunkte auf die Parkanlagen der Stadt und die Strandbereiche gelegt. Kapstadt ist ein wirklich außergewöhnliches Erlebnis, das alles zu bieten hat, wie das Meer, die Berge, viele Sehenswürdigkeiten, Märkte, Cafés, Restaurants und freundliche Menschen. Und alles in einer zentralen Lage, die man gut zu Fuß erreichen kann. Es ist somit möglich, die Stadt mit ihrem Umfeld in drei oder vier Tagen zu erkunden. Außerdem ist die Wetterlage in der Sommerzeit Südafrikas mit einer Temperatur von 28 Grad und höher für viele Menschen ideal. Die Winterzeit sollte man eher meiden, da es dann heftig regnet und starke Stürme auftreten. Viele Südafrikaner aus dem zentralen oder nördlichen Teil und aus Namibia besitzen in Kapstadt eine Ferienwohnung und verbringen ihre Sommerzeit in dieser schönen Stadt.

Alles in allem waren wir mit unserer Reise zufrieden. Die Innenstadt von Kapstadt und die im Jahre 1985 neu erbaute Waterfront gefielen uns sehr. Die Besteigung des Tafelberges hatte unsere Muskelkraft gestärkt und unsere Faszination für Kapstadt gesteigert. Der Baumwipfelpfad stellte allerdings für uns den Höhepunkt dieser wunderschönen Anlage mit dem tollen Ausblick auf die Farbenpracht und die Bergwelt des Tafelberges dar. Leider war unsere Urlaubszeit in dieser so schönen Stadt abgelaufen und wir verließen mit dem Flugzeug Kapstadt und kehrten nach Durban zurück.

Alec, Marcelle und Cliff begrüßten uns und wir berichteten anschaulich von unserem Urlaubserlebnis. Am Wochenende fuhren wir dann mit den Dreien zum Campingplatz nach Salt Rock und mieteten dort einen großen Caravan für einen kurzen Badeurlaub. Cliff und Marcelle mussten recht bald nach Durban zurückkehren, um ihrer Arbeitspflicht nachzukommen. Wir konnten noch einige weitere Tage mit Alec verbleiben und erlebten mit ihm eine schöne Zeit.

25. Erholungszeit in Deutschland

Ullas und meine Kinder hatten nun eine eigene Familie gegründet. Wir beschlossen einen Ortswechsel vorzunehmen, um so weit entfernt von ihnen zu wohnen, dass wir uns nicht täglich treffen würden.

Aufgrund ihres Rheumas hatte Ulla von ihrer Krankenkasse eine Kur zugestanden bekommen. Als Kurort wies man ihr Bad Elster zu. Der Ort liegt von uns aus weit über 600 km in östlicher Richtung an der Grenze zu Tschechien. Zum vorgeschriebenen Zeitpunkt fuhren wir über Köln, Frankfurt am Main Richtung Bamberg und Kulmbach bis zur ehemaligen Grenzanlage der DDR in Hof auf Autobahnen und dann auf der Bundesstraße bis nach Bad Elster. Ich begleitete sie als Kururlauber und wohnte in einer Pension etwa zwei km entfernt vom Zentrum. Die Pension lag an einem Berghang mit einer schönen Aussicht zur Stadt und den umliegenden Hügeln mit seinen Wäldern. Um das Kurhaus zu erreichen, musste ich nur durch einen abwechslungsreichen Park mit einem kleinen See spazieren. Und fünf Minuten später war ich dort. Ich hatte ebenfalls Behandlungen verordnet bekommen. Die Anwendungen um unsere Gesundheit zu stärken oder zu erhalten, fanden meist in den Morgenstunden statt. Der Nachmittag stand zur freien Verfügung und auch das Wochenende. Ulla erhielt in ihrem Heilbad spezielle Anwendungen und ich sollte Gymnastik mit Gewichten, Schwimmübungen auf kurzer und langer Strecke, Bewegungsspiele und Massagen erhalten. Als Höhepunkt durfte ich Moorbäder genießen.

An den Wochenenden unternahmen Ulla und ich lange Wanderungen auf den empfohlenen Wegen rund um Bad Elster oder fuhren mit geliehenen Fahrrädern nach Tschechien. Die Quelle des Flusses weiße Elster liegt in Tschechien und eine breite Straße führt durch eine Landschaft von Hügeln und Wäldern entlang des Flusses.

Als Ulla einmal ihre Anwendungen in den Nachmittagsstunden hatte, kehrte ich in einem Restaurant ein. Dort kam ich mit älteren Männern ins Gespräch. Sie waren ehemalige Bergleute, die während der DDR-Zeit im Erzgebirge in verschiedenen Bergbauanlagen Uranerz abgebaut hatten. Sie machten ebenfalls eine Kur, da sie wohl durch ihre Arbeit im Uranabbau an Lungenkrebs erkrankt waren. Nach dem für mich belastenden Gespräch mit den Krebskranken war ich bestrebt, diese ehemalige Bergbaugegend genauer zu erkunden, um noch mehr zu erfahren. Ich hatte ja früher in der Namib Wüste selbst hautnah mit Uran gearbeitet. Also verlängerten wir jeweils unseren Kuraufenthalt um eine Woche, da wir mit den Anwendungen sehr zufrieden waren und der Kurort Bad Elster uns gefiel. Bei einem örtlichen Reiseunternehmen buchten wir eine Tagestour nach Annaberg und Schneeberg im Erzgebirge. An einem Samstag starteten wir mit einem kleinen Bus. Wir waren sechs Teilnehmer und wurden von einer Reiseleiterin betreut, die uns die Sehenswürdigkeiten beider Städte zeigen sollte. Das Wetter war in Ordnung und wir waren voller Erwartung.

Annaberg ist eine Kreisstadt und war auch die erste Stadt, die wir erreichten. Ihren geschichtlichen Werdegang erklärte uns die Reiseführerin auf der Hinfahrt. Sehr erstaunt betrachteten wir die schöne Lage. Geprägt wird sie durch die imposante St. Annakirche und dem großen Wochenmarkt, auf dem Produkte aus dem ländlichen Bereich angeboten wurden. Wir begaben uns auf einen Rundgang durch die Altstadt mit ihren vielen Geschäften, Restaurants und Hotels. Jährlich zur Weihnachtszeit fand mit der Silhouette der Annakirche im Hintergrund das große Bergkonzert mit den Bergknappen und einer Parade statt.

Die Tradition des Bergbaus mit seinen Uniformen und Kapellen übernahmen wir in Deutschland vor hunderten von Jahren aus dem Erzgebirge. Die Volkskunst Schnitzen war dort sehr verbreitet und die Gegend wurde dadurch weltbekannt. In einem Museum konnte man sich detailliert darüber informieren. Einen unter der Erde befindlichen Bergstollen konnten wir bedauerlicher Weise nicht besichtigen, da dort Renovierungsarbeiten stattfanden.

Nach einem guten Mittagessen fuhren wir weiter zur Kleinstadt Schneeberg. Ulla fühlte sich beim Anblick dieser Umgebung in ihre Heimat Eifel versetzt. Wir besichtigten die Barockbauten, die uns an die wohlhabende Vergangenheit erinnerte, das Technische Museum und das Museum für bergmännische Volkskunst mit seinen berühmten Schnitzwerken. Das Wahrzeichen Schneebergs ist die St. Wolfgang Kirche, auch Bergmannsdom genannt. Auf dem wunderschönen Marktplatz hörten wir ein Glockenspiel, das mehrmals täglich erklang und uns gut gefiel.

Schneeberg war wegen des wertvollen Erzes von Silber und dem Abbau anderer gefragter Erze bekannt. Meine Fragen zum Uranabbau in der DDR-Zeit und seiner Gefahren konnte oder wollte man mir dort jedoch leider nicht beantworten.

Am Ende der Kur fuhren wir bei schönem Wetter nach Hause. Im Nachhinein betrachtet fanden wir den Kuraufenthalt für uns beide erfolgreich und er hatte unseren Gesundheitszustand verbessert.

Zuhause hinterfragte ich die Zurückhaltung der Bevölkerung zu Aussagen über den Abbau von Uranerz nochmals genauer und stellte einen Vergleich zwischen dem Steinkohlebergbau in der BRD und dem Uranerzabbau in der damaligen DDR an. Die Gefahr bei der Untertagearbeit war das Auftreten gewisser Grubengase. Bei Kohleflözen wurde z. Bsp. Methan freigesetzt. Das Risiko bestand in einer Explosion von nicht kontrollierten Gasen, dem Schlagwetter. Um Katastrophen zu verhindern, führte man intensiv Frischluft zu, die sich mit dem Gas mischte und nach Übertage abgeführt und entsorgt wurde.

Uranerz bzw. Uraninit, auch Pechblende genannt, wurde schon seit hunderten von Jahren als Abfallprodukt auf Abfallhalden entsorgt. Einheimische Bergleute mussten dieses gefährliche Erz abbauen, wobei auf Menschen oder Umwelt keine Rücksicht genommen wurde, denn die Sowjetunion benötigte Uran für den Bau von Atomsprengkörpern. Auch radioaktives Radon, das man weder sehen, riechen oder schmecken kann, wurde beim Abbau von Uran freigesetzt. Viele Bergleute erkrankten später an Lungenkrebs und starben frühzeitig.

Im Erzgebirge sind heute diese Bergwerke alle geschlossen. Die meisten Schächte wurden mit Beton verfüllt, die Stollen mit Grundwasser geflutet, Abraumhalden mit Erde abgedeckt und bepflanzt. Die schwer belasteten Abwasserseen der Aufbereitungsanlagen wurden zugeschüttet und versiegelt. Die ehemaligen Urananlagen müssen jedoch auch heute noch wegen der Strahlung weiter überwacht werden. Die gesamte Sanierung kostete und kostet noch Milliarden.

Uran war damals für unsere Generation ein neuer Rohstoff und wird in vielen Ländern abgebaut. Man sollte mit diesem Rohstoff sorgsam und gewissenhaft umgehen, um damit den Menschen und die Umwelt zu schützen. Uran darf nicht dem Bau von atomaren Waffen dienen, sondern bei kontrolliertem Einsatz, zum Beispiel in Kernkraftwerken, zur Stromerzeugung von Nutzen sein. Nach wissenschaftlichen Erkenntnissen gibt es in der Erde nur noch eine kleine begrenzte Menge von Uranerz. Hoffentlich gehört dieser Rohstoff aus der „Unterwelt" oder auch „Hölle" bald der Vergangenheit an.

Das folgende Weihnachtsfest und das Neue Jahr verbrachten wir in diesem Jahr mit unseren Kindern und Enkelkindern in Deutschland. Nach den Feiertagen verlegten wir jedoch unser gemeinsames „Urlaubsleben" wieder nach Südafrika.

26. Die Zulus

Diesmal stand der Stamm der Zulus auf unserem Reiseprogramm. Die Verschiedenartigkeit der Bevölkerung im südlichen Teil von Afrika hatte es Ulla schon länger angetan. Sie schätzte die Zulus in der Provinz Natal als für sie sympathischste Volksgruppe ein. Deshalb wollte sie gerne deren Geschichte kennenlernen. Also erzählte ich ihr zunächst die Heldengeschichte der Zulus und Buren, die ich kannte.

Natal wurde durch einen Zulu König mitregiert. Einer seiner Vorfahren war der bekannte und berüchtigte Zulu König Shaka Zulu, der das Militärwesen der Zulus neu organisierte. Männliche Personen mussten ab 14 Jahren in Wehrdörfern einen dreijährigen Wehrdienst und danach einen mehrmonatigen Dienst in einem Regiment ableisten. Um den Krieger kontrollieren zu können, durfte er erst mit 30 Jahren heiraten. Die Kampfweise änderte Shaka Zulu ebenfalls um. Aus großer Entfernung den Langspeer zu werfen wurde abgeschafft und der Nahkampf mit dem Stichspeer trainiert. Die Taktik im Angriff konzentrierte sich auf das Umzingeln des Gegners, den frontalen Angriff und die Verfolgung und Vernichtung des Besiegten. So konnte er große Stämme in seine Gewalt bringen. Der König baute eine unbeschreibliche Militärmacht auf, die durch die Kraft und die Geschicklichkeit der hervorragend ausgebildeten Kämpfer riesige Erfolge im Nahkampf erbrachte. Und die Taktik, dem flüchtenden Feind nachzusetzen und zu vernichten, zeigte ebenfalls Wirkung. Und das ohne moderne Feuerwaffen. Seine Feinde bezeichneten Shake Zulu als den Napoleon von Afrika. Seine Nachkommen wurden erst durch die nach Norden ziehenden Trekburen geschlagen.

Im Jahre 1835 fand eine Massenauswanderung der Buren aus der Kapregion statt, um sich dem Machtbereich der verhassten Briten zu entziehen. Sie zogen nach Norden um ihre gewohnte Lebensweise fortzusetzen. Der Burenführer Pieter Retief begegnete auf dem Weg nach Norden den Zulus und diese erkannten die Kampfkraft der Buren. Durch einen Scheinvertrag mit den Zulus wurde Pieter Retief getäuscht und er sowie einige seiner Männer getötet. Viele Buren konnten diesem Hinterhalt entgehen und es gelang dem neuen Führer Andries Pretorius die Zulus vernichtend zu schlagen. Sie bauten mit ihren Planwagen eine Wagenburg am Fluss mit dem Namen Ncome auf. Etwa 20000 Zulu Krieger griffen die Wagenburg an und wurden durch konzentriertes Gewehrfeuer abgewehrt. Die Zulus stellten den Kampf ein, wobei 3000 von ihnen getötet wurden. Die ca.

500 Buren erlitten keine Verluste. Erst die Engländer im Jahre 1879 konnten durch einige schwere Schlachten mit modernen Feuerwaffen die Zulus unterwerfen, um die Provinz Natal zu besiedeln und Friedensverträge mit den Zulus abzuschließen. Nach dieser Schlacht nannte man den Fluss in diesem Landstrich Blood River.

Im Anschluss fuhren wir zur Ortschaft Melmoth, um die Tradition der Zulus vor Ort kennenzulernen. Wir erreichten über einen langen Höhenweg, der ca. 30 km von Eshowe entfernt lag, ein großes rundes Gebäude mit einem Autoparkplatz. Hier parkten schon mehrere Fahrzeuge und nicht weit entfernt erblickten wir gesattelte Reitpferde und eine Pferdekutsche, die mit Kisten beladen wurde. Empfangen wurden wir von einem jungen Zulu, der uns mit unserem leichten Gepäck zum Hotelgebäude führte. In dem runden Haus befanden sich zehn Touristen, die ihren Platz schon eingenommen hatten. Wir setzten uns zur großen Runde dazu und eine Frau stellte sich als Reiseleiterin vor. Sie erklärte den Urlaubsablauf in deutscher und englischer Sprache. Die Unterkünfte befänden sich ca. sechs km entfernt in einer tiefen Schlucht mit einem großen Bach, der Mlfule heißt. Auf verschiedenen Höhen in den Felswänden der Schlucht wären Häuser eingefügt, die über Stege und

Leitern mit dem Haupthaus am Bach verbunden wären. Im Haupthaus befänden sich eine Küche, die Räumlichkeiten für die Essensaufnahme und der Versammlungsraum mit der Bibliothek. Die Unterkünfte in den Felsen wären als Wohnschlafzimmer ausgebaut und hätten alle sanitären Einrichtungen wie Toiletten, Duschen, warmes und kaltes Wasser, elektrische Anschlüsse und Beleuchtung. Eine recht gemütliche Unterkunft würde geboten. Ulla und meine Wenigkeit zählten nach den Lebensjahren zur älteren Generation und würden mit der Kutsche zur Unterkunft gebracht. Wir würden auch nicht in einer Felswandbehausung, sondern in einer als Hotelunterkunft ausgebauten Zulu Hütte untergebracht. Der Aufenthalt wäre auf drei Tage festgelegt und dann ginge es wieder per Pferd oder Kutsche zurück. Ich kannte das bereits und nach dem Vortrag der Reiseleiterin betrachtete ich die nachdenklichen Gesichter der Touristen. Ulla mit ihren Südafrika Erfahrungen hatte jedoch nur ein leichtes Lächeln auf ihrem Gesicht. Der Abmarsch zu den Unterkünften in die tiefe Schlucht erfolgte für die Touristen per Pferd, die von begleitenden Zulu Angestellten geführt wurden. Mit vier älteren Touristen in einer Kutsche betreute uns ein erfahrener Kutscher. Der Weg führte in Serpentinen steil bergab und musste an bestimmten Abschnitten langsam befahren werden. Wir hatten eine wunderbare Aussicht und genossen diese Fahrt. Nach etwa zwei Stunden erreichten wir das Haupthaus und bezogen unsere Hütte. Das Programm für uns Teilnehmer war sehr umfangreich. Zuerst hörten wir Vorträge über die Sitten und Gebräuche der Zulus. Dann führten Zulu Kämpfer Kriegstänze vor. Auch verschiedene Tanzgruppen, die sich durch Trommeln und rhythmische Gesänge bewegten, traten auf. In einem nicht weit vom Haupthaus entfernt liegenden Zulu Dorf wurden handwerkliche Fähigkeiten demonstriert. Man zeigte uns Schmiedearbeiten, wie das Fertigen von Speerspitzen, das Korbflechten und das Brauen von Bier.

Eine Sangome ist bei den Zulus eine Wahrsagerin und sie liest aus Knochenresten die Zukunft vorher. Über meine Zukunft konnte sie jedoch leider keine Aussage machen und meinte nur, sie wäre im Augenblick zu verwirrt.

Die drei Tage gingen schnell vorüber und wir wählten per Pferd zurückzukehren. Das Reiten bergauf hatte seine Vorteile und wir konnten so den Anstieg zum oben gelegenen großen Gebäude genießen. Insgesamt verlebten wir eine interessante Zeit, in der wir durch vielfältige Vorführungen in das Leben der Zulus eingeführt wurden.

Heute ist Eshowe die Hauptstadt des Zululandes

und unterbreitet den Touristen ein umfangreiches Angebot mit vielen sehr guten Darstellungen über den Kampf und dem normalen Leben der Zulus.

27. Golden Gate und Lesotho

Wieder in unserem Zuhause in Durban konnten wir wie immer über unsere eigene Zeit bestimmen. Das Wetter zeigte sich von seiner besten Seite und wir verbrachten die meiste Zeit am und im Schwimmbad. Die Kinder waren mit der täglichen Arbeit beschäftigt und Alec den ganzen Tag im Kindergarten. Nach einigen Tagen stellte sich bei Ulla und mir das Gefühl ein, wir hätten vielleicht etwas verpasst und müssten etwas nachholen. Somit beschlossen wir, eine kleine Tour in die naheliegenden Drakensberge zu unternehmen. Cliff hatte vom Nationalpark Golden Gate geschwärmt, der nicht weit von Geluksburg angesiedelt wäre. Die Strecke bis Bergville kannten wir, Little Switzerland und der Sterkfontein Dam waren Neuland. Der Golden Gate Nationalpark liegt aber in diesem Bereich und gehört zur Provinz Free State.

Wir packten unsere Sachen und verabschiedeten uns von unseren Lieben. Am späten Nachmittag erreichten wir den Campingplatz in der Nähe des berühmte Berges, der als Golden Gate bekannt ist. Bei Sonnenaufgang und Untergang leuchtet er durch die Bestrahlung der Sonne in einer goldenen Farbe auf. In dieser Region befinden sich wunderschöne Wanderwege. Am Abend erlebten wir dann den besagten

Sonnenuntergang und dieses Ereignis versetzte uns in eine überglückliche Stimmung.

Wir blieben zwei Tage und unternahmen einige Wanderungen in dieser schönen Gegend, die oft das Aussehen einer Mondlandschaft aufwies. Einen gewaltigen Sonnenaufgang konnten wir bei der Kletterpartie zur Bergspitze, bei der wir Hände und Füße einsetzten und uns an einem gespannten Drahtseil festhalten mussten, sehen.

Nach diesen ereignisreichen Tagen fuhren wir über Ficksburg und Ladybrand nach Lesotho. Über eine Passkontrolle an der Grenzstation erreichten wir die Hauptstad Maseru. Sie liegt ca. 1600 m über dem Meeresspiegel und hatte 300000 Einwohner. Das Land wurde vom Bergvolk der Basotho bewohnt und durch eine sogenannte Monarchie regiert.

Lesotho entspricht etwa der Fläche Belgiens und ist eines der ärmsten Länder der Welt. Das Klima ist gemäßigt und im Winter können die Temperaturen auch unter dem Gefrierpunkt liegen. Das Land ist vollkommen von Südafrika umschlossen und wirtschaftlich davon abhängig. Die meisten Männer des Landes arbeiteten als Bergleute in den Minen Südafrikas. Aufgrund seiner günstigen geographischen Wetterlage baute das Land Staudämme. Das Wasser gelangt von dort nach Südafrika und Lesotho erhielt dafür Strom.

Eine südafrikanische Firma hatte nicht weit von Maseru ein Feriencamp errichtet, in dem wir uns für zwei Tage einquartierten. Der zuständige Leiter des Camps war ein Springbockdeutscher. So wurden die Deutschen genannt, wenn ihre Eltern bereits in Südafrika ansässig waren. Er klärte uns über die Zustände in Lesotho auf und informierte über den Ablauf des Aufenthaltes. Aufgrund der vielen Arbeitslosen in diesem Land war die Kriminalitätsrate hoch. Es kam in der Hauptstadt und im Umland auch zu jeder Tageszeit zu Gewalt, wie Raubüberfälle auf offener Straße und in Restaurants, sexuelle Übergriffe und Überfälle auf Autofahrer. Das Feriencamp wurde deshalb durch einen hohen Zaun abgesichert und das Eingangstor in den Nachtstunden verschlossen. Uniformierte Männer sorgten für die Sicherheit. Wanderungen und Besichtigungen der Sehenswürdigkeiten, wie Staudämme oder Wasserfälle führte man nur in geschlossenen Gruppen durch, die Reiseführer begleiteten. Für den nächsten Tag unterbreitete uns eine junge Reiseführerin das interessante Angebot, einen Wasserfall mit Bademöglichkeit und einem Picknick zu erleben. Vier Personen aus England hätten diese Tour abgesagt und sie könnte sie deshalb zu einem günstigen Preis anbieten, die Bezahlung der Reiseleiterin sollte bei der Rückkehr erfolgen. Wir nahmen an und brachen am nächsten Morgen auf. Die Tour sollte sechs Stunden dauern. Nach einer Wanderung von ca. zwei Stunden wollte sie uns ein Dorf des Bergvolkes der Basotho zeigen. Diese würden wunderschöne Wanderstöcke schnitzen. Da das Dorf nicht auf der vorgesehenen Wanderstrecke lag und wir zum Wasserfall wollten, lehnten wir ab. Unsere Reiseführerin setzte sich dann jedoch alleine in den Büschen ab und wir wanderten weiter an einem Bach entlang, der zum Wasserfall führte. Wie gut, dass wir vorher die Strecke selbst auf der Karte nachgeschaut hatten. Am Wasserfall trafen wir auf eine Wandergruppe, die sich zum Rückmarsch fertigmachte. Nach einem erfrischenden Sprung ins kalte Wasser schlossen wir uns dieser Gruppe an und erreichten ohne weitere Vorkommnisse das Feriencamp. Von unserem Wandererlebnis berichteten wir dem zuständigen Leiter.

Das Land Lesotho verließen wir unter Beachtung aller Sicherheitsvorkehrungen so schnell wie möglich. Eine mehrstündige Fahrt brachte uns sicher nach Hause. Cliff und Marcelle meinten zu unserem Bericht lediglich, dass Lesotho für den Südafrikaner bedeutungslos wäre und nur Touristen aus dem

Ausland Interesse daran zeigten. Unser Interesse war nun ebenfalls gemindert, denn Ulla hatte sich am Fuß verletzt und ich mir wohl eine Magenverstimmung geholt. Nach unserer Rückkehr nach Deutschland würde ich einen Arzt aufsuchen, versprach ich Marcelle. Sie und Ulla waren nämlich nicht davon überzeugt, dass bei mir nur eine leichte Gastritis vorlag.

28. Mein Körper beanspruchte eine Auszeit

Ulla und ich hatten während unseres Aufenthaltes in Durban beschlossen, uns jeweils eine eigene Wohnung zuzulegen und nur die Wochenenden gemeinsam in einer der beiden zu verbringen. Somit bezogen wir in den nächsten Wochen je eine Wohnung in zwei Gebäuden in Geilenkirchen, die sich direkt gegenüberliegen. Mit diesem Arrangement sind wir beide zufrieden und finden es für die Zukunft besser für uns.

Ich hielt mein Versprechen einen Arzt aufzusuchen, denn auch Storm wirkte intensiv auf mich ein. Mein Hausarzt überwies mich zum Internisten und dieser stellte Tumore in meinem Darm fest. Alles wies auf eine Krebskrankheit hin. Damit hatte ich nicht gerechnet und in mir blitzte der Gedanke an meine Arbeit in der Namib Wüste mit dem verfluchten Uranerz auf. Hatte ich mir in der Wüste etwa Darmkrebs eingefangen?

Zwei Wochen nach der ersten Diagnose wurde ich im Krankenhaus Geilenkirchen gründlich untersucht und erfolgreich operiert. Für mich war die Behandlung und ein Krankenhausaufenthalt eine völlig neue Erfahrung, da ich einen operativen Eingriff an meinen Körper so noch nicht erlebt hatte. Bereits zwei Wochen später konnte ich in die hausärztliche

Betreuung entlassen werden. Ich hatte eine vorbildliche Behandlung durch die Ärzte und eine anstandslose Betreuung durch das Krankenhauspersonal erhalten. Nur der „Papierkrieg" nervte. Den Thieme Compliance, ein vielseitiger Patientenaufklärungsbericht informierte detailliert über die ärztlichen Maßnahmen. Ein Laie konnte ihn meines Erachtens nicht verstehen und ich fand ihn überflüssig. In einem persönlichen Gespräch zwischen Arzt und Patienten wäre dies viel einfacher zu regeln. Als weitere Behandlungen folgte eine Strahlen- und Chemotherapie. Erstere erhielt ich für vier Wochen im Klinikum Aachen und die Chemotherapie im Krankenhaus in Geilenkirchen für die Dauer von fünf Monaten. Währenddessen wohnte ich bei Ulla, die mein „Taxi" und meine Begleitung war. Und dies war gut so, denn bei mir traten Nebenwirkungen auf. Ich verlor einige Zähne und am rechten Auge entwickelte sich eine feuchte Makuladegeneration (AMD). Es kam zu einer erheblichen Abnahme der zentralen Sehschärfe und in Abständen von vier Wochen musste ein Medikament ins rechte Auge eingespritzt werden. Nach der Chemotherapie wurde alle vier Monate mein Blut überprüft und nach fünf Jahren sollte der Darmkrebs bei mir nicht mehr bestehen. Meine erste Rehabilitationsmaßnahme trat ich nach der Chemo in der Knappschaftsklinik in Bad Neuenahr an. Die

Anlage war im Zentrum angesiedelt und die bekannte Ahr fließt an diesem schön gelegenen Gebäudekomplex vorbei, das von großen Parkanlagen umgeben ist. Für die Patienten und auch für Gäste ist diese wunderschöne Anlage, die sehr gut erreichbar ist, auch ein guter Startpunkt zur Erkundung der Sehenswürdigkeiten von Bad Neuenahr.

Das Kurprogramm gefiel mir ebenfalls gut. Therapeuten und Ärzte sorgten dafür, unsere beeinträchtigte Gesundheit aufzubauen. Man bildete Patientengruppen mit gleichen oder ähnlichen Krankheitsfällen und diese wurden gezielt behandelt und betreut. Nicht nur die ausgezeichnete Behandlung und Betreuung, sondern auch die Kontrolle und Überwachung der körperlichen und seelischen Gesundheit der Patienten während der Kur waren beispielhaft.

Nach der Reha fühlte ich mich so gestärkt, dass ich mich auf einen Urlaub bei meiner Familie in Afrika vorbereiten wollte. Ende des Jahres, bevor ich Richtung Afrika aufbrach, ließ ich nochmals eine Darmspiegelung durchführen. Es wurde kein Hinweis mehr auf Krebs gefunden. Ich kann also nur jedem empfehlen eine Darmkrebsvorsorgeuntersuchung durchführen zu lassen, die ich früher immer als unnötig von mir wies.

29. Zurück zu alten Gewohnheiten

Anfang des neuen Jahres begab ich mich alleine für drei Monate nach Durban. Die Sommerzeit brach dort an und die Temperaturen lagen bei 30 Grad. Die Umstellung fiel mir diesmal nicht so leicht, aber schon nach wenigen Tagen erreichte ich meinen „Normalzustand" und gemeinsam mit Marcelles Familie fuhr ich zum Beachclub ans Meer. Ich stürzte mich ins lauwarme Meerwasser und dieser Sprung befreite mich von allen Sorgen. Von so einer Ablenkung zum Guten musste ich noch mehrere finden und mein seelischer Zustand würde sich weiter verbessern, dachte ich in diesem Augenblick.

An einem Wochenende während des Sommers wurde der bekannte „Beachran" an der Meerespromenade von Durban durchgeführt. Der Lauf einer fünf km langen Strecke startete in den noch nicht so heißen Morgenstunden vom Hotel Spielkasino aus und verlief entlang der Strandpromenade Richtung Süden. Nach zweieinhalb km war der Wendepunkt erreicht und es ging die gleiche Strecke zurück. Eine Sportorganisation, die besonders die Schwarze Bevölkerung zu mehr Sport animieren wollte, lud dazu per Internet ein. Durch die eingenommenen Startgebühren sollten auch andere private Hilfsorganisationen unterstützt werden, eine gute Sache also. Angesprochen waren Frauen und Männer aller Altersgruppen aus Durban und Umgebung. Die Karten zur Teilnahme waren nummeriert. Am Startplatz musste man die kleine Teilnehmerkarte vorzeigen, die Startgebühr entrichten und dann wurde man in einer Liste eingetragen. Erreichte man das Ziel, legte man die Karte vor und ein Eintrag in der Liste registrierte den Lauf. Am nächsten Tag konnte man im Internet die Rangfolge der Plätze des Rennens nachlesen. Es wurde kein Unterschied zwischen weiblichen und männlichen Teilnehmer gemacht, nur die Altersgruppen waren unterteilt. Ich war aufgrund meines schon fortgeschrittenen Alters, in der Gruppe von 78 bis 86 Jahren eingestuft. Diese Riege bestand nur aus zehn Teilnehmern, sieben davon Frauen. Ich konnte nur kurze Strecken laufen und ansonsten schnell gehen und erreichte bei diesem Lauf den fünften Platz, die vorderen belegten Frauen. Nicht nur in Europa, sondern auch in Afrika liegt die Lebenserwartung der Frauen bedeutend höher, als die von uns Männern. Vielleicht kann ja der deutsche Sänger Herbert Grönemeyer eine Antwort mit seinem Lied „Wann ist der Mann ein Mann" auf das „Warum" finden. Meine Psyche litt immer noch etwas, aber in meiner weiteren Urlaubszeit stabilisierte sie sich durch Wanderungen in der Umgebung von Westville, am Meererstrand von Durban und beim Hotel Salt Rock weiter. Gestärkt flog ich zum deutschen Sommer zurück.

30. Oft kommt es anders als man denkt

Leider machte mir mein Körper nochmals einen Strich durch meine Pläne und „fesselte" mich erneut für einige Zeit in Deutschland. Nach meiner Rückkehr aus Südafrika zog ich mir bei einem Sturz in meiner Wohnung auf der rechten Seite eine Schenkelhalsfraktur zu. Meine zweite Operation fand wie gehabt im Krankenhaus von Geilenkirchen statt und ich wurde dort acht Tage stationär behandelt. Mein seelischer Zustand rutschte wieder tiefer „in den Keller.". Eine zweite Reha, diesmal allerdings ambulant, richtete mich anschließend einigermaßen auf.

Auf die gesundheitlichen Probleme folgte die entsetzliche Corona-Pandemie mit den vielen Todesfällen, die die ganze Welt erschütterte. Die Geburt der Tochter meines Sohnes entschärfte diese Situation etwas für mich. Die süße Kleine kam in Aachen zur Welt und erhielt den Namen Pia Sophie. In der katholischen Kirche von Zweifall fand ihre Taufe statt. Der Pfarrer las den Psalm 91,11 auf Pia Sophies feierlichen Taufe vor:

„Denn der Herr hat seinen Engeln befohlen, dass sie dich behüten auf all deinen Wegen."

Im Anschluss fuhren wir, die glücklichen Eltern,

stolzen Taufpaten und alle Gäste in ein Café und verbrachten einen wunderschönen Nachmittag zu Ehren unseres kleinen Schatzes. In den folgenden Monaten stattete ich meiner Familie mit Ulla mehrmals Besuche in Zweifall ab um insbesondere Pia Sophie zu sehen. Es entwickelte sich ein gutes Oma- und Opaverhältnis und durch gegenseitige Besuche vertieften wir es. Leider mussten zwischendurch manchmal Besuche wegen der Coronamaßnahmen ausfallen.

Meine gesundheitlichen Probleme weiteten sich zu meinem Leidwesen nochmals aus, der Fluch des „Alterns" meines Körpers. Der Zeitpunkt einer Knieoperation war 2021 gekommen. Zu einem früheren Zeitpunkt riet mir bereits ein Orthopäde zu einem Knieersatz. Wir verblieben damals so, dass, wenn der Schmerz sich sehr verstärkte, ich mich zur Behandlung einfinden würde. Auch meine dritte Operation erfolgte im Krankenhaus Geilenkirchen und eine ambulante Reha schloss sich an. Seit dem Sommer 2019 war ich somit nicht mehr in meinem geliebten Afrika gewesen.

Leider veränderte sich dann auch noch unsere europäische Welt beängstigend. Anfang 2022 befahl der russische Präsident Putin den Überfall auf die Ukraine. Schon ein Jahr davor konnte man die Konzentation russischer Truppen in der Grenzregion zur Ukraine beobachten. Für mich bleibt es unverständlich, dass die Ansammlung von russischem Militär vor dem Grenzbereich anscheinend nicht intensiver vom westlichen Geheimdienst ausgewertet, beziehungsweise keine Gegenmaßnahmen eingeleitet wurden. Als ehemaliger Soldat geschieht es mir häufiger, dass ich andere Ansichten von Maßnahmen habe, die nicht dem tatsächlichen Geschehen entsprechen. Ich denke nach und gelange zu der Vorstellung, dass meine Ideen besser sind, denn ich habe schon einmal „über den Zaun blicken" können. Diese Metapher erklärte mir einmal ein drogenabhängiger Mann. Wenn er über den Zaun schaute, konnte er eine wunderschöne Welt erkennen, die er aber nur nach Einnahme von Drogen wahrnahm.

In die Gedankenwelt eines Menschen kann man nicht hineinsehen, er muss sie äußern. Vielleicht hat jeder Mensch eine Vorstellung von einer anderen Welt, die aber von früher erlebten Ereignissen geprägt wurde.

Verrückte Welt!

31. Eine überraschende Wende

Meine Tochter Marcelle kam 2022 für ein Halbjahr nach Deutschland und arbeitet seitdem saisonweise in Wassenberg im Hotel Burg. Dort hatte sie in ihrer Jugend ihre Ausbildung zur Hotelfachfrau abgeschlossen. Einige Jahre später danach kehrte sie nach Südafrika zurück. Aufgrund der schlechten wirtschaftlichen Situation in Südafrika gibt es jedoch im Winter kaum Arbeit dort. In den Sommermonaten in Deutschland möchte sie deshalb im Hotel arbeiten. Die beiden Hotelbesitzer hatten ihr bei einem Besuch bei ihr in Durban dieses Angebot unterbreitet.

Cliff hatte bei der Polizei eine führende Position und würde auf dem Anwesen bleiben. Ihr Sohn Alec studiert noch in Pretoria. Der momentane Plan von Marcelle sieht vor, in den Wintermonaten nach Südafrika zu fliegen, da auf der südlichen Erdhalbkugel der Sommer beginnt. Ihre Rückkehr zur nördlichen Halbkugel nach Deutschland wäre dann etwa sechs Monate später. Marcelle ist nämlich aufgrund ihres Gesundheitszustandes auf sommerliche Verhältnisse angewiesen. Nur bei gemäßigten Temperaturen kann sie einer Arbeit nachgehen, weshalb sie diese Regelung für sich gut findet. Die Zukunft wird zeigen, ob ihr Plan funktioniert. Jetzt sind meine Kinder und Enkelkinder bis auf Alec wieder alle in Deutschland und ich kann sie jederzeit erreichen. Auch wenn es mit Alec nur per Handy und Internet möglich ist. Ich selbst möchte, wenn es irgendwie machbar ist, meine Zeit in Südafrika wieder aufnehmen.

Epilog

In der Zeit von 1984 bis zum heutigen Zeitpunkt hat mein Leben und das meiner nahen Angehörigen viele Veränderungen erfahren. Nach meiner Flucht aus Südafrika begann ein Lebensabschnitt, in dem ich ein zweites Leben in Deutschland aufbaute, um meine Ehefrau und zwei Kinder nachkommen zu lassen. Nach einem Lebensweg mit viel Abwechslung, Reisen und Erlebnissen folgte im „fortgeschrittenerem Alter" eine Phase von gesundheitlichen Beeinträchtigungen. Gelernt habe ich aber mit Unterstützung meiner Lebensgefährtin Ulla, den Kindern und Freunden, diese letzte schlimme Zeit zu überstehen.

„Alles braucht seine Zeit"

und

„Die Zeit heilt alle Wunden."

In diesem Jahr werde ich 84 Jahre alt und ich habe die Vorstellung, gegen Ende der folgenden zehn Jahren das nächste Buch zu schreiben. Meine weiteren Lebensjahre werden für mich zwar durch weniger abenteuerliche Unternehmungen geprägt sein, aber es gibt noch einige andere Themen dieser Welt, die mir wichtig sind. Insbesondere denke ich da an die gravierenden Umweltveränderungen überall auf der Welt, die seit einiger Zeit deutlich zu spüren sind.

Und ich frage mich, wie die Menschen mit den Umweltkatastrophen zurechtkommen werden.

Also im Jahr 2033/2034 erscheint dann mein drittes Buch...